教育部哲学社会科学研究后期资助项目"权衡耕地保护与生态系统服务的土地利用优化配置及其补偿机制研究"（18JHQ081）

中国耕地占补平衡与布局优化研究

Requisition-reclamation Balance of
Arable Land in China and Spatial Optimization

柯新利　著

科学出版社

北　京

内 容 简 介

耕地保护事关国家粮食安全、生态安全和社会稳定，耕地占补平衡政策作为耕地保护体系中的核心政策，一直以来备受关注。本书旨在剖析耕地占补平衡的实施效果，并在耕地利用布局优化的基础上建立耕地保护区域补偿机制。具体而言，采用 GAEZ 模型、LANDSCAPE、InVEST 模型等方法，从耕地数量和质量、生态系统服务功能及其价值等方面剖析耕地占补平衡的实施效果，并对实施效果进行预评估；以协同粮食安全与生态保育为目标开展耕地利用空间布局优化；基于优化布局结果提出耕地保护区域补偿机制，并从资金管理、法律保障、技术保障和管理措施方面提出政策建议。

本书可供土地资源管理、国土空间规划、土地公共政策、地理学、资源环境学等专业师生、相关研究人员，以及地方政府、国土资源管理系统等决策部门人员使用。

图书在版编目（CIP）数据

中国耕地占补平衡与布局优化研究 / 柯新利著. 北京 ：科学出版社，
2024. 11. -- ISBN 978-7-03 -079379-9

Ⅰ. F323.211

中国国家版本馆 CIP 数据核字第 20243F6K33 号

责任编辑：杨婵娟　高雅琪 / 责任校对：郝璐璐
责任印制：赵　博 / 封面设计：有道文化

科学出版社 出版
北京东黄城根北街 16 号
邮政编码：100717
http://www.sciencep.com

三河市春园印刷有限公司印刷
科学出版社发行　各地新华书店经销
*

2024 年 11 月第 一 版　开本：720×1000　1/16
2025 年 1 月第二次印刷　印张：13 1/4
字数：268 000
定价：**118.00 元**
（如有印装质量问题，我社负责调换）

序

在《中国耕地占补平衡与布局优化研究》这本著作中，作者着眼于国家耕地保护的重大需求，科学评估了耕地占补平衡政策的实施效果，并创新性地提出了"以效应引导布局，以布局引导补偿，以补偿实现保护"的耕地保护区域补偿理论与方法体系。

该著作构建了耕地占补平衡政策实施效果评估的理论与方法体系，科学测度了历史阶段和未来阶段耕地占补平衡对耕地数量和质量的影响，并且评估了耕地占补平衡对生境质量、生态系统碳储存功能、水质净化功能、水土保持功能等关键生态系统功能的影响，对于更加科学全面地认识耕地占补平衡的效应具有重要指导作用。

该著作开展了权衡粮食安全与生态保育的耕地利用优化配置，为耕地利用优化布局提供了新的理论、方法与工具；并提出了基于布局优化的耕地保护区域补偿理论与方法体系，拓展了耕地保护区域补偿机制研究的视角，有助于合理确定各个地区耕地保护目标责任，为耕地资源可持续利用和合理保护提供了新思路，为耕地区域协调保护提供了新的方案。

总而言之，该著作在丰富耕地占补平衡实施效果、耕地保护区域补偿的理论和方法体系方面取得了较大的进展，为科学认识耕地占补平衡政策的实施效果、完善耕地保护补偿策略、完善耕地保护政策提供了科学依据。同时，有助于提升耕地保护对粮食安全、生态安全的积极作用，也为国家实施区域协调发展战略、粮食安全战略与生态文明建设提供了科学依据。

欧名豪

2024 年 1 月 20 日

前　言

耕地既是粮食安全的基石，也是生态系统的关键组成部分。耕地占补平衡政策作为保护耕地、保障粮食安全的有力抓手，其实施效果如何？对生态系统服务产生了怎样的影响？未来该如何调整完善？为了回答上述问题，本书在深入探讨我国耕地占补平衡政策实施效果的基础上，评估其对耕地数量和质量、生态系统服务及其价值的影响，最后基于耕地利用布局优化建立耕地保护区域补偿机制，以期为实现粮食安全与生态保育的协同提供依据。

第1章，阐述了研究意义与背景，回顾了我国耕地占补平衡政策的演进历程，并介绍了本书的研究内容和目的。

第2章，对生态系统服务、生态系统服务价值、土地利用布局优化和耕地保护补偿等基本概念进行了系统梳理，并对国内外研究进展进行了全面回顾。在理论基础部分，借鉴了可持续发展理论、外部性理论、区域发展空间均衡理论和最优化理论等，搭建了本书的分析框架。

第3章至第5章，评估了耕地占补平衡对耕地数量和质量、生态系统服务及其价值的影响。具体而言，第3章采用 GAEZ 模型和 LANDSCAPE 等，揭示了历史阶段（2000~2020 年）耕地占补平衡对耕地数量和质量的影响，并研判了未来可能的影响（2020~2040 年）。第4章和第5章剖析了历史阶段、未来阶段耕地占补平衡对生态系统服务及其价值的影响。

第6章和第7章聚焦耕地利用布局优化和耕地保护区域补偿机制，力求在保障粮食安全的同时实现对生态系统服务影响的最小化，探索我国未来耕地保护的可行途径。此外，还详细测算了耕地保护补偿标准并提出了耕地保护补偿实施保障机制，为相关政策的完善与实施提供参考。

笔者对书稿进行了多次修改和打磨，在此由衷感谢杨婵娟编辑对本书提出的宝贵建议。同时，由衷感谢所有对本书付出辛勤汗水的老师和同学，包括唐兰萍、郑伟伟、姜子璇、姜坤、王立业、肖邦勇、周秋实、门虹伶、杨银玲、陈晶、张莹、扈俊东、邓洁、陈媛媛、张琛琪、张玥、杨柏寒、周婷。

本书是教育部哲学社会科学研究后期资助项目"权衡耕地保护与生态系统服务的土地利用优化配置及其补偿机制研究"（项目批准号：18JHQ081）的研究成果，也是笔者团队在耕地保护与利用领域研究工作的阶段性成果。未来我们将继续深入耕耘，为推动我国耕地保护与利用、农业可持续发展、粮食安全和生态文明建设提供科学依据。

愿本书成为关于我国耕地占补平衡与布局优化研究的一份有益参考，激发更多学者的研究兴趣，促进相关领域的学术进步与实践创新。

谨以此书献给所有关心耕地保护、土地资源管理、粮食安全、生态环境等方面问题的读者。

柯新利

2024 年 1 月 8 日

目　　录

第1章
绪　论

1.1　研究背景与意义

1.1.1　研究背景

耕地保护事关国家粮食安全、生态安全和社会稳定，党中央、国务院对这件事历来高度关心。耕地占补平衡政策作为耕地保护体系中的核心政策，一直以来也备受关注，并不断更新和完善。2017年1月发布的《中共中央　国务院关于加强耕地保护和改进占补平衡的意见》中指出，地方各级政府要落实补充耕地任务，"以县域自行平衡为主、省域内调剂为辅、国家适度统筹为补充"。这是一次对原有制度的重大改革，是自耕地占补平衡实施20余年来，中央层面首次探索跨省域补充耕地。随后，2018年1月发布的《中共中央　国务院关于实施乡村振兴战略的意见》中强调，"改进耕地占补平衡管理办法，建立高标准农田建设等新增耕地指标和城乡建设用地增减挂钩节余指标跨省域调剂机制，将所得收益通过支出预算全部用于巩固脱贫攻坚成果和支持实施乡村振兴战略"。2018年3月，《跨省域补充耕地国家统筹管理办法》的出台进一步明确了跨省域补充耕地的对象、原则以及实施细则。2020年1月发布的《中共中央　国务院关于抓好"三农"领域重点工作确保如期实现全面小康的意见》中指出，"支持产粮大县开展高标准农田建设新增耕地指标跨省域调剂使用，调剂收益按规定用于建设高标准农田"。2022年1月4日，《中共中央 国务院关于做好2022年全面推进乡村振兴重点工作的意见》中提出，"落实和完善耕地占补平衡政策，建立补充耕地立项、实施、验收、管护全程监管机制，确保补充可长期稳定利用的耕地，实现补充耕地产能与所占耕地相当"。上述一系列政策措施的陆续出台，表明了党中央与国务院改革的决心与魄力，为新时期我国健全耕地保护体系与稳定粮食安全奠定了坚实的基础。

早期耕地占补平衡为稳定耕地资源的数量发挥了举足轻重的作用，但是随着我国城市化与工业化的快速发展，城市扩张、耕地保护以及生态保育之间所引发的土地竞争日益激烈。一些经济增长速度较快的地区，大多数土地已被开发，耕地后备资源十分有限（张飞等，2009）。此外，虽然一些省份坐拥更多的土地资源，但恶劣的资源环境条件使得补充耕地的难度大、成本高、效益低。例如，河南省拥有一定的耕地后备资源，但由于这些资源大多位于生态环境脆弱的山区和黄河沿岸，补充耕地的难度大、成本高、效益低（宦吉娥和刘东豪，2020）。这些现象凸显了以省域内平衡为刚性约束的耕地占补平衡制度亟待调整，否则将威胁我国粮食安全，制约地区社会经济发展（岳永兵和刘向敏，2013）。

与此同时，耕地占补平衡政策的实施效果值得关注。自耕地占补平衡政策实施以来，其经历了"注重数量平衡—数量质量相统——快速城镇化下的加速—数量质量生态三位一体"4个发展阶段（蒋瑜等，2019）。因此，对耕地占补平衡实施效果的讨论主要集中在耕地数量变化、质量及产能变化、生态环境变化等方面。首先，耕地占补平衡的耕地数量保护绩效较高。从我国耕地占补平衡实施结果看，耕地占补平衡的确使全国及大部分省份耕地实现了数量上"占"与"补"的平衡（陈印军等，2010）。然而，耕地后备资源不断减少，开发成本与难度不断加大，耕地占补平衡、占优补优的政策难以实现（唐伟等，2022）。其次，在耕地质量及产能方面，2010~2016年，全国补充的优、高等耕地面积仅占新增耕地总面积的48.53%，而优、高等耕地的新增产能占新增总产能的78.4%；同时，被占用的高、中等耕地面积占耕地流失总面积的81.8%，对应的产能损失占比则达到了96.6%，存在显著的占优补劣现象（赵玉领，2020）。最后，在生态环境效应方面，耕地占补平衡所引发的生态用地及其生物多样性损失，水土流失、生境退化等生态系统服务退化的问题不容忽视（Wang et al.，2012；刘利花和杨彬如，2019）。因此，如何对耕地占补平衡政策的实施效果进行评估，科学认识与合理应对耕地占补平衡政策对生态系统服务的影响具有重要理论意义和现实意义，因此评估历史阶段和未来阶段不同情景下耕地占补平衡对关键生态系统服务及其价值的影响是本书拟解决的一大关键问题。

耕地资源空间优化配置为实施和完善耕地占补平衡政策提供了科学依据。

面对美好生活的高要求、全球贸易复杂性和气候变化不确定性的新形势，新时代的耕地保护工作也面临着诸多不平衡、不充分的新矛盾（漆信贤等，2018）。一方面，"占优补劣""占平原补山地""占水田补旱地"等威胁粮食产能的现象依然存在（Chen et al.，2019）；另一方面，补充耕地导致生态用地大量流失，进而对生态系统服务产生负外部效应（Ke et al.，2018；van Vliet，2019）。可依据土地利用演化规律与土地开发适宜性，将耕地资源在精细化空间尺度上进行分配，以满足区域对耕地资源数量、质量、生态的要求，协调粮食安全、城市化、生态保育等国家社会经济发展重大需求之间的矛盾（胡业翠等，2004；柯新利等，2014；梁鑫源等，2021）。开展耕地资源空间优化配置为减少耕地占补平衡政策可能的负面效应提供了有效的路径，因此开展权衡粮食安全和生态保育的耕地利用布局优化是本书拟解决的另一大关键问题。

为了落实耕地资源的优化配置以减缓耕地占补平衡产生的负面生态效应，迫切需要建立耕地保护区域补偿机制，为耕地占补平衡政策的落实推进提供保障。根据耕地资源空间优化配置引导耕地占补平衡实施是避免政策负面效应的关键路径，如何建立耕地保护区域补偿机制以保障优化配置能够有效落地则是本书拟解决的又一关键问题。耕地保护区域补偿是从区域间耕地保护责任和义务对等角度出发，由部分经济发达、人多地少的地区通过财政转移支付等方式对经济欠发达、过多承担了耕地保护任务的地区进行经济补偿，以协调不同区域在耕地保护上的利益关系（张效军等，2007）。建立基于耕地资源空间优化配置的耕地保护区域补偿机制，能有效缓解土地开发与耕地保护的矛盾，在保障国家粮食安全的基础上提升土地利用效率，是耕地占补平衡政策完善的有力保障。

1.1.2 研究意义

1.1.2.1 理论意义

本书构建了耕地占补平衡政策实施效果评估的理论与方法体系。科学测度历史阶段耕地占补平衡对耕地数量和质量的影响，并且评估其生态效应；在未来效果预评估方面，设定跨省域耕地占补平衡情景（scenario of the requisition－compensation balance of cropland at national scale，SPN）与省域内耕地占补平衡情景（scenario of the requisition－compensation balance of cropland at provincial scale，SPP）两种情景下耕地资源空间分布、生态用地流失、生态系统服务及其价值的变化，识别耕地生产力总量平衡约束下耕地保护与生态保育协调发展的约束条件和优化目标，构建权衡耕地保护与生态保育的土地利用优化布局的科学方法，开展基于耕地生产力总量平衡的耕地保护区域补偿机制研究，并在理论上构建耕地占补平衡政策体系，为实现耕地保护与生态保育协同发展提供科学依据。

1.1.2.2　现实意义

（1）开展权衡耕地保护与生态保育的土地利用优化配置，为土地利用优化布局指明方向。本书以耕地生产力平衡为约束条件，以生态保育为优化目标，依托土地系统潜在效应的元胞自动机模型（LAND system cellular automata model for potential effects，LANDSCAPE）构建了基于耕地占补平衡的土地利用优化配置模型。该模型根据土地利用变化的历史规律，将耕地保护的需求内化为模型的全局终止条件，将社会经济发展对区域建设用地的需求内化为模型的分区终止条件，将生态用地数量、生态系统服务、生态系统服务价值以及生态安全等因素内化为模型的转换阻抗，从而实现耕地占补平衡政策背景下权衡耕地保护与生态保育的土地利用优化配置，为土地资源可持续利用和合理保护提供了新方法。

（2）构建更具科学性、可行性的耕地占补平衡区域调控补偿机制，为耕地总量动态平衡的实现提供新思路，深化我国耕地保护补偿机制研究，为我国耕地异地补偿提供参考。当前的耕地保护补偿研究大多根据现状确定耕地保护目标、以耕地价值为基础确定补偿标准，难以起到耕地保护的激励作用。因此，有必要开展基于布局优化的耕地保护区域补偿机制研究。本书根据耕地占补平衡政策实施效果的预评估结果，提出三类生态保育目标，采用 LANDSCAPE 开展基于协调耕地保护与生态保育的耕地占补平衡土地利用优化布局，同时根据土地利用布局优化结果确定区域耕地保护目标责任，据此测算区域耕地"赤字/盈余"，结合耕地非农化收益测算耕地保护区域补偿价值标准，构建基于生产力总量平衡的耕地保护区域补偿机制。

（3）提出完善耕地占补平衡的政策建议，为耕地占补平衡政策的完善和实施提供理论依据和实践参考。耕地是我国最为宝贵的资源，当前，我国经济发展进入新常态，新型工业化、城市化建设深入推进，耕地后备资源不断减少，耕地占补引发的一系列生态问题也亟须重视，实现耕地占补平衡、权衡耕地保护与生态保育的难度日趋加大。本书分析比较两种政策情景下耕地资源空间分布、生态用地流失、生态系统服务、生态系统服务价值等多方面的空间差异，开展了耕地占补平衡政策背景下权衡耕地保护与生态保育的土地利用优化布局，构建了基于生产力总量平衡的耕地占补平衡区域补偿机制，阐明了"补充耕地国家统筹"的实施可能会加剧生态系统服务价值、生态系统服务等的损失。基于研究结果，提出要建立粮食安全与生态保护的耕地占补平衡约束机制、以耕地资源空间优化为导向的耕地占补平衡引导机制、以耕地保护区域补偿为支撑的耕地占补平衡激励机制、以区域协调发展为目标的耕地占补平衡保障机制等政策建议，为耕地占补平衡政策的完善提供理论依据和实践参考。

1.2 耕地占补平衡政策的演进

1.2.1 耕地占补平衡政策的提出

随着我国经济社会的快速发展，各类建设快速推进，建设占用耕地现象严重，造成了耕地面积锐减。1996～2003 年，我国耕地净流失的数量达 540 万公顷。1997 年，我国为加强土地管理，切实保护耕地，印发了《中共中央、国务院关于进一步加强土地管理切实保护耕地的通知》，并首次提出各省（自治区、直辖市）保持耕地总量动态平衡的要求，这是我国耕地占补平衡政策的开始。之后为切实保护耕地数量不减少，1998 年国土资源部成立后对《中华人民共和国土地管理法》进行了重大修订，以立法形式确立"十分珍惜和合理利用土地和切实保护耕地"为基本国策。现行的用途管制、耕地总量动态平衡都是从该法的确立开始实施的。《中华人民共和国土地管理法》为耕地保护设立单独章节（第四章），制定了占用耕地补偿制度和永久基本农田保护制度，还明确要求禁止任何单位和个人闲置、荒芜耕地，鼓励土地整理。

继《中华人民共和国土地管理法》修订后，我国陆续出台了一系列文件和规章制度，以细化和强化耕地保护制度。1999 年 2 月 24 日，国土资源部通过了《土地利用年度计划管理办法》。同年，国务院发布《全国土地利用总体规划纲要》，以保护耕地和控制非农业建设用地为重点，确定全国土地利用的目标。2004 年，《中共中央　国务院关于促进农民增加收入若干政策的意见》中提出"不断提高耕地质量"的目标和"各级政府要切实落实最严格的耕地保护制度"的要求，并确定一定比例的国有土地出让金，用于支持农业土地开发，建设高标准基本农田。同年，《国务院关于深化改革严格土地管理的决定》提出建立完善耕地保护和土地管理的责任制度；随后《关于完善征地补偿安置制度的指导意见》对该决定进行了补充；该年土地征收或者征用给予补偿被正式写入宪法。

2005～2007 年，我国对基本农田保护进行了进一步规定和深化。2005 年 2 月，国土资源部在《关于加强和改进土地开发整理工作的通知》中提倡要大力开展基本农田整理；9 月，国土资源部等七部门联合下发《关于进一步做好基本农田保护有关工作的意见》，对全国基本农田保护区的定义和范围做出了更为清晰的规定和划定，确保基本农田数量不减少、用途不改变、质量不下降；10 月，国务院《省级政府耕地保护责任目标考核办法》确定了耕地保有量和永久基本农田保护面积的责任单位为所属行政区域的各省（自治区、直辖市）人民政府。2006 年，国务院再次强调耕地保护作为土地调控工作的重要地位，发布了《国务院关于加强土地调控有关问题的通知》。2007 年，《中华人民共和国物权法》具体规定了土地所有权、土地承包经营权和征收土地补偿标准。

2008～2010 年国家进一步强化了耕地保护政策。2008 年，国土资源部发布《关于进一步加强土地整理复垦开发工作的通知》，要求自 2009 年起，非农建设占用耕地全面实行"先补后占"，将补充耕地与新增建设用地计划指标挂钩；10 月，《中共中央关于推进农村改革发展若干重大问题的决定》提出："坚持最严格的耕地保护制度，层层落实责任，坚决守住十八亿亩①耕地红线。"2010年，根据国务院办公厅《关于进一步严格征地拆迁管理工作切实维护群众合法权益的紧急通知》文件精神，国土资源部在《关于进一步做好征地管理工作的通知》中提出全面实行征地统一年产值标准和区片综合地价，以完善征地补偿机制、实现同地同价。耕地保护政策、部门规章及相关法规经过十多年的发展和完善，已经形成以《中华人民共和国土地管理法》《中华人民共和国物权法》《基本农田保护条例》为中心，配套耕地经营权、占用补偿、占补动态平衡等构成相对完整的制度体系。耕地保护措施也逐步由单一手段向行政、法律、经济

---

① 1 亩≈666.7 平方米。

手段并重的多样化阶段迈进。

1.2.2　数量与质量并重的耕地占补平衡

耕地占补平衡保护政策实施以来,我国耕地数量已能维持在较稳定水平(杨立等,2015)。然而,被占用耕地因缺乏管制导致"先占后补"和"占优补劣"的现象频繁发生,全国耕地质量降低成为耕地保护关注的重点问题。根据《2015中国环境状况公报》数据,我国 2014 年耕地质量总体偏低,耕地平均质量等级为 9.97 等,其中优等地、高等地、中等地和低等地占比分别为 2.9%、26.5%、52.9% 及 17.7%。耕地质量降低的直接原因有工业"三废"排放和化肥的过度、低效使用以及农村生活废弃物的排放,这些造成严重的耕地污染(Zeng et al.,2019)。另外,缺乏必要的水利灌溉设施、过度利用和土壤侵蚀造成的土壤酸化、耕层变浅、耕地盐渍化也是耕地质量下降的重要原因(Khan et al.,2009)。

耕地质量下降和污染问题带来不可忽视的粮食安全威胁(Lu et al.,2015)。1998 年,国土资源部成立,同年底《中华人民共和国土地管理法》修订,以立法形式开始确立耕地质量保护的法律地位。2004 年发布的《国务院关于深化改革严格土地管理的决定》,提出"各类非农业建设经批准占用耕地的,建设单位必须补充数量、质量相当的耕地,补充耕地的数量、质量实行按等级折算,防止占多补少、占优补劣"。这一政策的发布成为我国耕地占补从数量平衡到数量与质量平衡过渡的转折点。在此期间,国土资源管理部门及中央领导也多次强调,耕地保护必须坚持数量、质量并重。2013 年,国家发展和改革委员会颁布了《全国高标准农田建设总体规划》,对高标准农田的建设标准在平整度、土壤肥力、集中连片度和灌溉等配套设施方面提出了要求。2016 年,国土资源部在《全国土地利用总体规划纲要(2006～2020 年)》中提出了"严格控制耕地流失,加大补充耕地力度""强化耕地质量建设"的要求。2016 年,国土资源部印发了《关于补足耕地数量与提升耕地质量相结合落实占补平衡的指导意见》,提出规范开展提升现有耕地质量、将旱地改造为水田(简称"提升改造"),以补充耕地和提质改造耕地相结合的方式(简称"补改结合")落实占补平衡工作。

2011 年 10 月 25 日,环境保护部周生贤部长在十一届全国人大常委会第二十三次会议正式报告中指出:我国土壤环境质量总体不容乐观,受污染的耕地约有 1.5 亿亩[①]。然而，土壤污染修复是一项复杂的系统工程，我国土壤污染治理与空气和水污染治理相比尚处于起步阶段，在修复技术装备及运用上与其相比还有较大差距（陈新光等，2017）。2016 年，国务院印发了《土壤污染防治行动计划》。该计划规定，我国土壤污染加重趋势要在 2020 年得到初步遏制，并保持土壤环境质量总体稳定和管控土壤环境风险；土壤环境质量在 2030 年稳中向好；土壤环境质量在本世纪中叶得到全面改善，实现生态系统的良性循环。该计划有效推动了全国土壤污染防治，对提升土地质量起到了重要的作用。

实行轮作休耕有助于改善土壤质量，缓解农业生产与生态环境的尖锐矛盾。实践证明，轮作能有效恢复、保护土壤，是保障土壤可持续利用的重要途径。休耕通过减少人为的干预，避免向土地过度索取，降低化肥农药的投入，改善土壤结构和性状，以恢复地力（陈浮等，2023）。为此，"探索实行耕地轮作休耕制度试点"首次在"十三五"规划中出现，以强调轮作和休耕对保障耕地质量的重要性。农业部等部门在 2016 年联合印发的《探索实行耕地轮作休耕制度试点方案》提出"轮作为主、休耕为辅"的指导思想，选择了在东北冷凉区、北方农牧交错区、地下水漏斗区、重金属污染区和生态严重退化地区进行耕地轮作休耕试点探索，共覆盖 500 万亩需轮作耕地和 116 万亩需休耕耕地。

建设高标准农田，是巩固和提高粮食生产能力、保障国家粮食安全的关键举措。2014 年中共中央、国务院印发的《关于全面深化农村改革加快推进农业现代化的若干意见》提出"实施全国高标准农田建设总体规划"；2017 年发布的《关于扎实推进高标准农田建设的意见》提出，"按照集中连片、旱涝保收、稳产高产、生态友好的要求，加大投入力度，加快建设步伐，到 2020 年确保建成 8 亿亩、力争建成 10 亿亩高标准农田"；2019 年发布的《国务院办公厅关于切实加强高标准农田建设 提升国家粮食安全保障能力的意见》提出，"紧紧围绕实施乡村振兴战略，按照农业高质量发展要求，推动藏粮于地、藏粮于技，以提升粮食产能为首要目标，聚焦重点区域，统筹整合资金，加大投入力度，完善建设内容，加强建设管理，突出抓好耕地保护、地力提升和高效节水灌溉，大力推进高标准农田建设，加快补齐农业基础设施短板，提高水土资源利用效率，切实增强农田防灾抗灾减灾能力，为保障国家粮食安全提供坚实基础。"

我国在坚守耕地数量质量红线、保障国家耕地资源安全和国家粮食安全方

[①] 参见 2011 年《国务院关于环境保护工作情况的报告》。

面取得显著成效。然而，仍有些耕地后备资源缺乏的区域利用处于生态脆弱区的土地毁林开荒来补充耕地。这种耕地补充模式不仅改变了区域生态系统的结构、功能，还可能会引发土壤侵蚀、地质灾害等问题（刘彦随等，2005；Norse and Ju，2015）。此外，我国以县为主体的地方财政对"土地财政"的依赖性还比较强，地方政府更关注经济发展，因此"占优补劣""数量不足""建设不实"的问题时有发生（李国敏等，2017）。与此同时，由于基层政府成为地方经济社会发展的责任主体，其采取不计代价的经济发展模式，往往牺牲生态环境质量（陈美球等，2016）。随着我国进入生态文明建设新阶段，耕地占补平衡不仅要求数量和质量上的占补平衡，更需要充分考虑生态因素，耕地占补平衡政策如何协调生态红线政策、有效衔接耕地休养生息政策，都是亟待解决的问题。

1.2.3 "三位一体"保护的耕地占补平衡

耕地占补平衡政策的实施不仅会导致耕地的生产力损失，还直接或间接地导致生态系统退化（Liu et al.，2005）。我国的生态安全受到坡耕地开发的严重威胁，部分重要生态功能区出现生态恶化，包括森林和草原退化、湿地萎缩、河湖干涸、荒漠化、水土流失，以及围湖造田、毁林开荒、过度放牧及排放有毒有害物质污染环境等（Ren et al.，2007）。这将严重影响我国经济社会可持续发展和国家生态安全（Su et al.，2016）。

在 2008 年由环境保护部、中国科学院发布的《全国生态功能区划》分类体系中,由耕地和园地共同组成的农田生态系统是我国主要的六大生态系统之一，面积约 181.6 万平方千米，占全国陆地国土面积的 19.2%，主要分布在东北平原、华北平原、长江中下游平原、珠江三角洲和四川盆地等区域。耕地包括以水稻为主的水田和以小麦、玉米、大豆及棉花为主的旱地。耕地作为农田生态系统的子系统，承担着重要的生态功能。根据千年生态系统评估（Millennium Ecosystem Assessment，MEA）项目的分类，生态系统服务可以划分为四类：供给功能（如食物、纤维、药材、能源作物、饮用水等）、调节功能（如调节大气、水源涵养、土壤保持、防风固沙、空气净化、洪水调控等）、文化功能（如景观审美、休憩娱乐、宗教文化等）和生物多样性维持及栖息地支撑功能。耕地的基本功能是供给功能，而随着物质生活水平的提高，人们对耕地的其他功能，尤其是调节功能和文化功能的需求与日俱增（Wang et al.，2010；Yang et al.，2010）。

2009 年，全国荒漠化土地总面积已高达 262 万平方千米。2009 年，我国水土流失面积达 356 万平方千米，年均土壤侵蚀量高达 45 亿吨（姚润丰，2009）。全国另有约 90% 的天然草地存在不同程度的退化。生物多样性也面临严重威胁：其中，濒危的野生高等植物占比高达 15%～20%，裸子植物和兰科植物更是超过 40%；野生动物濒危程度持续加剧，濒临灭绝的脊椎动物多达 233 种，另有 44% 的野生动物数量持续下降（Liu et al.，2013；Xu et al.，2009）。此外，外来入侵的 500 种物种每年造成约 1200 亿的经济损失及不可估量的生态损失（张顺合等，2015）。以上都与耕地生态系统的健康密不可分。耕地生态系统提供了珍贵、特有而丰富的物种资源，通过授粉功能资源得以遗传。耕地资源的流失及耕地生态系统的退化直接导致特有的农作物、林木、花卉、畜、禽、鱼等，还有部分地方传统和稀有品种资源的丧失（王韬钦，2014）。

耕地资源的保护和可持续利用作为生态文明建设的重要内容，是深入贯彻党的二十大精神的体现。2013 年，国家发展和改革委员会颁布了《全国高标准农田建设总体规划》，对农田生态做出了要求，在之前的政策文件关注经济效益和社会效益的基础上补充了生态效益。2014 年，国土资源部发文《关于强化管控落实最严格耕地保护制度的通知》，要求严格划定生态保护红线，并规定对因生态退化等原因导致耕地等农用地变更为未利用地的，不得纳入土地整治项目并用于占补平衡。此外，该通知提出："生态退耕必须严格按照有关法规规定的条件和经国务院批准的方案，分步骤、有计划进行，基本农田和土地整治形成的耕地不得纳入退耕范围，依据第二次全国土地调查、年度土地变更调查成果审核退耕范围和退耕结果，严防弄虚作假和随意扩大退耕范围。"这是我国最早专门强调耕地生态保护的政策。

加快土地利用方式的转变，需要加快农业发展方式的转变，现代农业的建设是一项重要内容。2015 年，中共中央、国务院发布《关于加大改革创新力度加快农业现代化建设的若干意见》，在强化农业科技创新驱动机制方面，将生态环保领域的技术创新作为主力军之一。在与保护相关的法律制度方面，加强对土壤等资源污染防治的法律法规建设。

中共中央、国务院 2015 年发布《生态文明体制改革总体方案》，对生态文明建设工作提出树立尊重自然、顺应自然、保护自然的理念，构建以空间规划为基础、以用途管制为主要手段的国土空间开发保护制度。2016 年调整的《全国土地利用总体规划纲要（2006～2020 年）》对第二次全国土地调查中的新增耕地做出了统一部署。国家将该部分新增耕地纳入生态退耕规划，将现状基本农田中林地、草地等非耕地调出，原则上 25 度以上坡耕地不作为基本农田，不得将各类生态用地划入基本农田。耕地保护在《全国土地利用总体规划纲要（2006～2020 年）》中得到了重申，建设用地安排要避让优质耕地。

在当前我国农产品供求格局、农业国际竞争形势、资源生态状况、宏观经济背景发生重大变化的背景下，为满足人民群众对优质农产品的需求、对农业观光休闲等服务性需求、对良好生态的绿色化需求，坚持质量兴农，加快农业科技进步，提高农业综合效益和竞争力，我国发布了《中共中央　国务院关于加强耕地保护和改进占补平衡的意见》，这标志着我国耕地占补平衡政策目标由"数量-质量"平衡向"数量-质量-生态"平衡的转化，成为耕地生态占补平衡政策的纲领性文件。《中共中央　国务院关于加强耕地保护和改进占补平衡的意见》提出严守耕地红线，已经划定的城市周边永久基本农田绝不能随便占用，禁止在 25 度以上陡坡开垦耕地，禁止违规毁林开垦耕地，严格落实占补平衡、占优补优。

推进农业供给侧结构性改革是追求绿色生态可持续、更加注重满足农产品质的需求转变的重要举措。2017 年发布的《中共中央　国务院关于深入推进农业供给侧结构性改革　加快培育农业农村发展新动能的若干意见》中力推绿色生产方式、高效生态循环的种养模式。《中共中央　国务院关于深入推进农业供给侧结构性改革　加快培育农业农村发展新动能的若干意见》还进一步明确生态效益补偿范围，将符合条件的退耕还生态林分别纳入中央和地方森林生态效益补偿范围以及实施退牧还草工程和湿地保护修复工程。

当前生态文明建设工作的推进为耕地质量维持所需的土地整治工作（土地整理、土地复垦、土地开发）赋予了新的使命，为扩大耕地规模、提升耕地质量和保护耕地生态提供了耕地生态保护的强制性政策。2017 年，《全国土地整治规划（2016～2020 年）》提出要全面加强农田生态设施建设，增强农田生态服务功能。比如，为保护黑土地生产能力，实施保护性耕作，实现耕地修复养护。

2015 年发布的《中共中央　国务院关于加快推进生态文明建设的意见》中谈到了强化主体功能定位，优化国土空间开发格局。加大自然生态系统和环境保护力度，实施耕地质量保护与提升行动，加强耕地质量调查监测与评价。此外，延续当前最严格的耕地保护和节约集约利用制度，充分依据土地利用总体规划和年度计划管控，加强国土空间用途管制。将划定的永久基本农田落实到位，严格实施永久保护，严控新增建设用地对耕地的占用，确保耕地数量、质量、生态的总体动态平衡。

耕地"数量、质量、生态"占补平衡政策的实施，一定程度上保护了耕地，使耕地资源不流失，保障了粮食安全以及生态安全，但在我国土地资源分布不均衡的现实条件下，该政策仍存在一定的限制。我国已经实施了 20 多万个耕地占补平衡项目，适宜性强、集中连片、区位良好的宜耕后备资源几乎开发殆尽（阚博颖等，2017）。2016 年国土资源部发布的全国耕地后备资源调查评价结果显示，中国耕地后备资源总面积为 8029.15 万亩，其中近期可开发利用耕地后备资源仅有 940.23 万亩①。耕地后备资源主要集中在中部、东北及西部等地区，经济发达地区的耕地后备资源严重紧缺，很难在辖区范围内完成耕地占补平衡任务（郭树斌，2019）。因此，要正视耕地后备资源分布不均和极其稀缺的客观事实，制定合理政策促进经济发达地区和资源丰富地区之间的资源与资金流动。

1.2.4　跨省域耕地占补平衡的提出

随着耕地保护从数量保护、质量保护转到数量、质量、生态"三位一体"的保护，耕地占补平衡政策从"先占后补"的阶段逐步转变为"先补后占"的阶段。这些政策的实施在促进耕地保护、节约集约用地、推动城乡统筹发展和生态文明建设起到了积极作用，我国生境质量大体明显趋好，生态安全得到了基本保障。经自然资源部多部门协作，统一山水田林路规划，通过退耕还林还草等恢复措施，实现 24.02% 的森林覆盖率和 50.32% 的草原综合植被覆盖率②。在过去的 20 年里，国家重点治理成效显著，三峡库区、陇南陕南地区、长江流域的金沙江下游及毕节地区、嘉陵江中下游的荒山荒坡面积缩减了 70%，京津风沙源治理一期工程实施了退耕还林还草和造林 752 万公顷（廖纯艳，2015）。然而，土地生态环境整治工作任务依然严峻，生态安全和粮食安全的有机结合

---

① 数据来源：http://www.henantudiwang.com/News/n8620.html。

② 吴兆喆. 国家林草局公布 2021 年中国林草资源及生态状况. https://www.forestry.gov.cn/c/www/szhxx/96507.jhtml.

仍面临巨大挑战。

考虑到部分地区耕地后备资源严重匮乏，难以达到耕地占补平衡，2017 年《中共中央 国务院关于加强耕地保护和改进占补平衡的意见》提出"探索补充耕地国家统筹"，2018 年又颁布了《跨省域补充耕地国家统筹管理办法》，进一步落实耕地数量、质量、生态"三位一体"保护。该办法根据各地资源环境承载状况、耕地后备资源条件等，分类实施补充耕地国家统筹。基于土地利用总体规划及相关规划的统筹，全国跨省域耕地补充旨在对耕地后备资源严重匮乏的直辖市进行保护，对占用耕地、新开垦耕地不足以补充所占耕地的省份，在满足一定条件的前提下可在耕地后备资源丰富省份进行耕地补充。该办法倡导县域尺度上的自行平衡，但在条件不满足的情况下可由国家统筹进行省域内调剂和以国家尺度的适度统筹为辅助补充，通过土地整治和高标准农田建设补充耕地，最终达到补充耕地数量不减少、质量不降低的目标，实现全国耕地占补的动态平衡。

在我国城市不断扩张的背景下，跨省域补充耕地可能会导致大量的生态用地被开发。一方面，城市扩张主要侵占低海拔且位于平原的耕地，而城市周边可供补充、符合质量平衡条件的耕地数量往往不足，耕地补充后备资源往往是距离城市较远的地力较差的土地（郭树斌，2019）。另一方面，山区土地作为耕地补充的重要部分，相对于耕地复垦、土地整理项目来源，可供补充的数量有限。我国当前的耕地占补平衡制度由国家负责宏观调控，由各省级政府牵头负责，力争在县级实现占补平衡。对于严重缺乏后备耕地资源或开垦难度大的地区，允许在耕地后备资源充足的县区跨省补充。然而，从已有的实证研究来看，过去近 20 年耕地占补平衡的实施加剧了城乡差距、区域不平衡和生态危机（范战平和赵启航，2023）。在此情况下，新时期的跨省域耕地占补平衡政策应该考虑不同区域资源环境自然承载力的差异，改变过去刚性的政策要求，因地制宜地逐步出台适合各个区域实际状况的土地利用政策。

本章参考文献

陈浮，曾思燕，马静，等. 2023. 多情景模拟休耕对中国粮食安全的影响. 中国土地科学，37(1): 90-101.

陈美球，刘桃菊，吴萍. 2016. 耕地占补平衡政策落实的现实困境与完善对策. 中州学刊, (5):

50-53.

陈新光, 白春, 王娇. 2017. 我国土壤修复治理的宏观思考. 科学发展, (5): 64-69.

陈印军, 肖碧林, 陈京香. 2010. 我国耕地"占补平衡"与土地开发整理效果分析与建议. 中国农业资源与区划, 31(1): 1-6.

范战平, 赵启航. 2023. 耕地占补平衡制度: 历程·问题·建议. 哈尔滨师范大学社会科学学报, 14(1): 66-69.

郭树斌. 2019. 新常态背景下关于耕地后备资源开发利用思考. 资源节约与环保, (3): 137-138.

胡业翠, 刘彦随, 邓旭升. 2004. 土地利用/覆被变化与土地资源优化配置的相关分析. 地理科学进展, 23(2): 51-57.

宦吉娥, 刘东豪. 2020. 跨省域补充耕地国家统筹制度的挑战与应对. 湖北农业科学, 59(10): 154-158.

蒋瑜, 濮励杰, 朱明, 等. 2019. 中国耕地占补平衡研究进展与述评. 资源科学, 41(12): 2342-2355.

阚博颖, 方斌, 许实. 2017. 基于 ESDA 的我国耕地后备资源集聚特征的比较研究. 南京师大学报(自然科学版), 40(1): 112-119.

柯新利, 孟芬, 马才学. 2014. 基于粮食安全与经济发展区域差异的土地资源优化配置: 以武汉城市圈为例. 资源科学, 36(8): 1572-1578.

柯新利, 杨柏寒, 丁璐, 等. 2015. 基于目标责任区际优化的耕地保护补偿. 中国人口·资源与环境, 25(1): 142-151.

李国敏, 王一鸣, 卢珂. 2017. 耕地占补平衡政策执行偏差及纠偏路径. 中国行政管理, (2): 108-112.

李月娇, 杨小唤, 程传周, 等. 2012. 近几年来中国耕地占补的空间分异特征. 资源科学, 34(9): 1671-1680.

梁鑫源, 金晓斌, 孙瑞, 等. 2021. 粮食安全视角下的土地资源优化配置及其关键问题. 自然资源学报, 36(12): 3031-3053.

廖纯艳. 2015. 构建水土流失防治体系建设水清地绿天蓝美丽长江. 人民长江, 46(19): 44-47.

刘利花, 杨彬如. 2019. 中国省域耕地生态补偿研究. 中国人口·资源与环境, 29(2): 52-62.

刘彦随, 彭留英, 陈玉福. 2005. 东北地区土地利用转换及其生态效应分析. 农业工程学报, (11): 175-178.

漆信贤, 张志宏, 黄贤金. 2018. 面向新时代的耕地保护矛盾与创新应对. 中国土地科学, 32(8): 9-15.

汤怀志, 桑玲玲, 郧文聚. 2020. 我国耕地占补平衡政策实施困境及科技创新方向. 中国科学院院刊, 35(5): 637-644.

唐伟, 王英, 杨振宇, 等. 2022. 国土空间规划体系下的耕地后备资源调查评价方法研究. 自然资源情报, 255(3): 33-39.

王涛. 2014. 我国土壤修复行业现状及亟待解决的问题. 中国环保产业, (1): 15-18.

王韬钦. 2014. 农作物多样性锐减威胁人类生存. 生态经济, 30(5): 6-9.

杨立, 王博祺, 韩锋. 2015. 改革开放以来我国耕地保护绩效定量研究——基于数量保护的视角. 农机化研究, (3): 1-6.

姚润丰. 2009. 我国水土流失达 356 万平方公里损失耕地约 100 万亩. https://www.gov.cn/jrzg/ 2009-07/29/content_1378768.htm[2024-06-20].

岳永兵, 刘向敏. 2013. 耕地占补平衡制度存在的问题及完善建议. 中国国土资源经济, 26(6): 13-16.

张飞, 孙爱军, 孔伟. 2009. 跨省域耕地占补平衡的利弊分析. 安徽农业科学, 37(17): 8116-8118.

张顺合, 张志华, 陈冬东. 2015. 外来有害植物入侵对我国生态安全的影响. 植物检疫, 29(4): 4-7.

张小林, 张安田. 2021. 对长江上游水土流失重点治理的回顾与思考. 中国水土保持, (8): 3-7.

张效军, 欧名豪, 高艳梅. 2007. 耕地保护区域补偿机制研究. 中国软科学, (12): 47-55.

赵玉领. 2020. 中国近 10 年耕地资源变化情况统计分析. 国土与自然资源研究, (1): 53-57.

周利秋, 郑楷千. 2017. 我国耕地生态保护政策之演进研究——以生态文明为视角. 知与行, (9): 68-72.

Chen W, Ye X, Li J, et al. 2019. Analyzing requisition–compensation balance of farmland policy in China through telecoupling: a case study in the middle reaches of Yangtze River Urban Agglomerations. Land Use Policy, 83: 134-146.

Ke X, van Vliet J, Zhou T, et al. 2018. Direct and indirect loss of natural habitat due to built-up area expansion: a model-based analysis for the city of Wuhan, China. Land Use Policy, 74: 231-239.

Khan S, Hanjra M A, Mu J. 2009. Water management and crop production for food security in China: a review. Agricultural Water Management, 96(3): 349-360.

Kuang W, Liu J, Tian H, et al. 2021. Cropland redistribution to marginal lands undermines environmental sustainability. National Science Review, 9(1): nwab091.

Li G, Zhao Y, Cui S. 2013. Effects of urbanization on arable land requirements in China, based on food consumption patterns. Food Security, 5(3): 439-449.

Li W, Wang D, Liu S, et al. 2020. Reclamation of Cultivated Land Reserves in Northeast China: Indigenous Ecological Insecurity Underlying National Food Security. International Journal of Environmental Research and Public Health, 17(4): 1211.

Lichtenberg E, Ding C. 2008. Assessing farmland protection policy in China. Land Use Policy, 25(1): 59-68.

Liu L, Liu Z, Gong J, et al. 2019. Quantifying the amount, heterogeneity, and pattern of farmland: implications for China's requisition-compensation balance of farmland policy. Land Use Policy, 81: 256-266.

Liu Y, Duan M, Yu Z. 2013. Agricultural landscapes and biodiversity in China. Agriculture, Ecosystems & Environment, 166: 46-54.

Liu Y, Wang D, Gao J, et al. 2005. Land use/cover changes, the environment and water resources in Northeast China. Environmental Management, 36(5): 691-701.

Lu Y, Jenkins A, Ferrier R C, et al. 2015. Addressing China's grand challenge of achieving food security while ensuring environmental sustainability. Science Advances, 1(1): e1400039.

Norse D, Ju X. 2015. Environmental costs of China's food security. Agriculture, Ecosystems &

Environment, 209: 5-14.

Ren H, Shen W J, Lu H F, et al. 2007. Degraded ecosystems in China: status, causes, and restoration efforts. Landscape and Ecological Engineering, 3(1): 1-13.

Su Y, Chen X, Liao J, et al. 2016. Modeling the optimal ecological security pattern for guiding the urban constructed land expansions. Urban Forestry & Urban Greening, 19: 35-46.

van Vliet. 2019. Direct and indirect loss of natural area from urban expansion. Nature Sustainability, 2(8): 755-763.

Wang G, Fang Q, Zhang L, et al. 2010. Valuing the effects of hydropower development on watershed ecosystem services: case studies in the Jiulong River Watershed, Fujian Province, China. Estuarine, Coastal and Shelf Science, 86(3): 363-368.

Wang J, Chen Y, Shao X, et al. 2012. Land-use changes and policy dimension driving forces in China: Present, trend and future. Land Use Policy, 29(4): 737-749.

Wang S S, Sun B Y, Li C D, et al. 2018. Runoff and soil erosion on slope cropland: a review. Journal of Resources and Ecology, 9(5): 461-470.

Xu H, Tang X, Liu J, et al. 2009. China's progress toward the significant reduction of the rate of biodiversity loss. BioScience, 59(10): 843-852.

Yang B, Sheng S, Ke X, et al. 2023. Modelling the impacts of cropland displacement on potential cereal production with four levels of China's administrative boundaries. Journal of Geographical Sciences, 33: 18-36.

Yang Z, Cai J, Sliuzas R. 2010. Agro-tourism enterprises as a form of multi-functional urban agriculture for peri-urban development in China. Habitat International, 34(4): 374-385.

Zeng S, Ma J, Yang Y, et al. 2019. Spatial assessment of farmland soil pollution and its potential human health risks in China. Science of the Total Environment, 687: 642-653.

第 2 章
耕地占补平衡与布局优化的理论分析

2.1　耕地占补平衡与布局优化相关概念

2.1.1　生态系统服务

生态系统服务最初源于"环境服务功能概念"，并由 Whittaker 和 Likens（1975）补充发展而成。生态系统服务是指人类从生态系统中获取的各种生态利益，用于维持和实现人类生存的所有条件与过程，是人类社会得以发展的基础（侯红艳等，2018）。这一概念包含三层意义：第一，这里所指的生态系统服务是用来支持人类生存的；第二，发挥服务作用的主体是自然生态系统；第三，自然生态系统是在一定的状态下，通过一定的过程来发挥服务作用的。Daily 等（2000）进一步明确了生态系统服务的定义，认为生态系统服务是指通过生态系统及其中的物种提供的有助于维持和实现人类生活的所有条件和过程。

2.1.2　生态系统服务价值

借鉴谢高地等（2015）对生态系统服务的定义及分类，本书中的生态系统服务价值是指通过生态系统的结构、过程和功能直接或间接得到的生命支持产品和服务，自然资产含有多种与其生态系统服务相应的价值。本书将生态系统服务划分为供给服务、调节服务、支持服务和文化服务 4 个一级类型，食物生产、原材料生产、气体调节、气候调节、水文条件、废物处理、土壤保持、生物多样性、美学景观等 9 个二级类型，并开展对生态系统服务价值的测算。

2.1.3 土地利用布局优化

土地利用布局是指不同土地利用类型在空间上的分布形态，是土地利用规划空间管制的重要依据，其合理性与科学性关系到规划能否顺利实施与规划目标实现（李鑫等，2015）。土地利用结构优化可以提高区域土地利用系统的结构效益和功能（严金明，2002）。土地利用布局优化的根本目的是把各用地类型配置到其适宜度高的空间单元。具体来说，土地利用布局优化是决策者为提高土地利用综合效益在空间上对各类土地资源进行重新安排，布局优化的根本标准是空间适宜度，把各类土地资源配置到其适宜度更高的空间单元，同时需要实现多目标优化，既包括经济效益、社会效益与生态效益，还包括空间目标。

2.1.4 耕地保护补偿

耕地保护区域补偿是由部分经济发达、耕地资源紧张的地区通过财政转移支付等方式对经济欠发达、过多承担耕地保护任务的地区进行的经济补偿（张效军等，2007）。在保证全区域耕地保护总量的前提下，完善耕地保护补偿政策，需明确各区域耕地保护的目标、补（受）偿标准。如果补（受）偿标准与耕地非农化需求不挂钩，可能出现土地利用效率高、耕地非农化需求迫切的区域承担耕地保护任务，而土地利用效率低、耕地非农化需求不足的区域不承担耕地保护任务。

本书对耕地保护区域补偿的定义是从区域间耕地保护责任和义务对等角度出发，由部分经济发达、人多地少的地区通过财政转移支付等方式对经济欠发达而过多承担了耕地保护任务的地区进行经济补偿。耕地保护补偿应以市场化方式为引导，以激励性补偿为主，改变中央和地方财政"经济直补"的补偿方式，将补偿标准与耕地非农化收益和生态系统服务价值挂钩，在满足非农化需求的同时抑制经济快速发展地区损害生态系统服务价值的行为。

2.2 国内外研究进展

2.2.1 耕地占补平衡实施效果

2.2.1.1 对粮食产能的影响

提高粮食产能是加快农业现代化、确保国家粮食安全的重要任务。耕地资源是粮食生产的基本载体，但随着城市化、工业化扩张，大量耕地被建设用地占用，导致耕地资源减少。为严格保护耕地资源、保障国家粮食产能，耕地占补平衡政策应运而生（卞耀武，1998；Heerink et al.，2007）。因此，有关耕地占补平衡对耕地粮食产能的影响及其优化路径研究得到了广泛的关注。

目前的研究主要关注耕地占补平衡实施过程中的耕地利用变化产生的效应，从耕地在数量和质量等方面的变化分析耕地占补平衡对粮食产能的影响（何振嘉等，2022；Liu et al.，2019；Gao et al.，2015）。耕地占补平衡过程中，人们通过充分开发未利用地，有效增加了耕地数量（Lin et al.，2017）；同时，辅以各种各样的农业工艺措施，进行土质优化，提高耕地质量，提升粮食产能（Song et al.，2014）。然而不容忽视的是，耕地"占优补劣"的现象屡见不鲜（Kang et al.，2021），对粮食产能具有负面效应。洪舒蔓等（2014）测度了平原地区耕地资源数量、质量时空变化及其对粮食生产格局变化的影响，发现质量等级较高耕地的补充可以弥补低等级耕地流失带来的粮食产能下降。新增耕地对粮食产能的影响机制研究大多基于新增耕地数量变化（王静怡和李晓明，2019）、新增耕地质量变化（周超等，2021）、耕地自身特点及内在因素（韦宇婵和张丽琴，2019）。同时，也探究了农业生产建设条件的改善、耕地本底资源的提升等对粮食产能的影响（杨建锋等，2012）。何振嘉等（2021）指出耕地占补平衡对于改善区域耕地质量、数量和耕作条件方面具有明显作用，有助于提高区域粮食生产能力。周欣花（2020）探讨通过耕地占补平衡项目实施后，新增耕地的质量等级变化及其对粮食产能的影响，占补平衡实施效果及其对粮食产能的影响与实施区域的特性如区域的地理环境、农业基础设施建设状况等密切相关。

2.2.1.2 对生态环境的影响

自然地理格局、土壤条件、水源条件、区域生态系统稳定性等是影响区域耕地资源优劣的重要因素，良好的生态环境是耕地资源可持续利用的根本基础（李超和汤怀志，2022）。从理论上而言，在耕地占补平衡过程中应该贯彻"生态优先"理念，把生态环境保护放到突出位置。然而，耕地占补平衡项目在实际实施过程中产生的生态效应有待进一步探究（Wang et al.，2021）。

在耕地占补平衡项目中，耕地被占用和耕地补充作为两个主要途径对生态环境造成影响。一方面，由于补充耕地主要来源于耕地开垦（Wu et al.，2017），耕地补偿主体为实现经济利益最大化，在占用质量等级高、生态条件好的耕地后，实施了"占而不补、占多补少、占优补劣、占整补零"等不当操作，"上山入海"现象频发，补充耕地资源质量等级、生态条件普遍低于被占用耕地，严重破坏了耕地生物多样性和耕地生态系统稳定性（Zheng et al.，2022），影响生态系统服务价值（汤怀志等，2020；McDonald et al.，2008）。黄海潮等（2022）指出，2000～2015年我国耕地生态系统服务总价值和单位面积价值均减少，减幅分别为 1.35%和 0.55%。另一方面，为了实现耕地数量平衡，耕地补偿责任主体在耕地后备资源不足的情况下将林地、草地、湿地等其他生态用地开垦为耕地，间接导致了生态用地的流失。谭永忠等（2005）分析了"耕地总量动态平衡"政策对中国的耕地变化及其生态环境效应的影响，发现"耕地总量动态平衡"政策对中国耕地的数量变化产生了积极作用，包括非农建设占用耕地的势头总体上得到遏制，全国及各省(市、区)基本实现耕地占补平衡等，但该政策实施后，在全国实现耕地占补平衡的情况下，耕地的总体生产能力呈下降趋势，对生态环境也产生了一定的负面效应。袁承程等（2022）的研究结果表明，耕地占补平衡政策执行过程中，占水田补旱地、破坏生态等异化行为较普遍。Ke 等（2018）以武汉市为研究区，利用 LANDSCAPE，模拟了不同情景下土地利用变化对生态用地的占用情况。研究结果表明，耕地占补平衡导致的生态用地流失数量比城市扩张直接导致的生态用地流失数量更多。因此，亟待探讨耕地占补平衡的生态效应。

2.2.1.3 对区域协调发展的影响

我国人口众多、版图辽阔，地区发展差距显著，区域协调发展是解决地区发展不平衡问题的关键。党的十八大以来，区域协调发展取得了显著成效，但为了适应新阶段发展形势的变化，应做出相应的战略调整。耕地占补平衡政策通过改变我国不同区域的土地利用状况，从而改变社会经济发展、利益协调机制、政策导向等区域空间要素配置，对区域协调发展产生了显著影响。

当前，我国区域相对差距逐步缩小，但区域绝对差距扩大的局面尚未改变，东、中、西部地区发展差距依然存在，南北发展差距逐渐扩大。因此，坚持不同区域耕地占补平衡管控，根据资源要素的流动情况进行要素价格规则的合理完善，这对实现区域资金、资产、资源互通，对达到区域社会经济、利益机制协调发展有强大助益。同时，不同层面的区域协调发展具有差异化的政策导向（Wang et al.，2021）。在微观层面，基于城乡协调发展视角，耕地占补平衡的重要思想基础在于不局限于耕地本身，而是把耕地占补平衡作为促进城乡融合的重要手段，以耕地占补平衡作为主要着力点，针对城乡劳动力、土地资源、资金投入等流动机制进行系统的提升。其中城乡要素的合理流动是重要一环，耕地占补平衡措施要避免不均衡流动，如劳动力向城市的单向流动（Zhang et al.，2020）。在中观层面，明确省际或区域内不同发展水平的社会资本对非农用地的需求差异，根据需求落实耕地补充，重视欠发达地区的土地发展权，实现区域发展平衡。朱繁和王庆宾（2018）提出"规范省域内易地调剂补充耕地"。一是构建统一的省级补充耕地调剂平台；二是明确补充耕地来源和交易主体；三是严格收益用途管理，明确补充耕地指标调剂收益全部用于土地整治、高标准农田建设等农业农村发展；四是严格补充耕地准入门槛。在不同省域之间的协调方面，在综合评判各个区域要素状况的基础上进行异地耕地调控，以期实现不同区域的平衡、协调发展。同时，已有研究提出以下注意事项：在进行耕地补充的过程中，根据区域发展水平，设定差异化的价格实施补充耕地措施，鼓励重点建设工程进行耕地质量、数量的补充，以避免对耕地资源的粗放利用（Shi et al.，2020）。

2.2.2　耕地利用变化对生态系统服务的影响

现阶段我国人口仍在持续增长，《国家人口发展规划（2016～2030年）》数据显示，我国将在2030年前后达到14.5亿左右的人口峰值。人口增长一方面驱动着我国建设用地的持续扩张，另一方面也意味着我国生态环境的保护面临着重要的挑战，城市扩张、耕地保护与生态保护之间存在土地竞争。我国快速的城市扩张多是以占用城市周边的耕地，尤其是优质耕地为代价。城市扩张导致大量耕地流失，为了缓解粮食安全的压力，我国在过去40年中陆续实施了一系列关于耕地总量动态平衡、耕地占补平衡、基本农田保护，以及耕地占补平衡等的严格的耕地保护政策。由于现实发展中建设用地很难转化为耕地，林草地等生态用地就变成耕地补充的重要来源（Foley et al.，2011；Fritz et al.，2015；Liu et al.，2018）。所以，在耕地保护与城市扩张的双重压力之下（Ke et al.，2018；Zheng et al.，2019），我国生态系统保护和生态文明建设面临严峻的挑战。

在省域内耕地占补平衡下，耕地补充引发的生态问题已经为我国耕地保护工作敲响了警钟。各地区频发"填湖造田""毁林补耕"等现象，这样的耕地补充不仅无法满足耕地质量的占补平衡的需要，还给生态环境造成了巨大的损失。当实施耕地占补平衡后，由于耕地补充指标向本区域外转移，耕地占用地区可以减少补充耕地对当地生态用地的侵占。但是，对于耕地补充地区来说，政策实施后势必会在当地新增耕地的开垦指标。那么，耕地补充将有可能导致一系列生态效应：①加速耕地补充地区生态用地的流失数量，包括林地、草地、湿地，以及未利用地等（Ke et al.，2018）；②对一些生态脆弱地区进行大量土地开垦可能会引发沙漠化（Wang et al.，2007）、水土流失（Panagos et al.，2015）、非点源污染（Sun et al.，2012；Ouyang et al.，2014）、水源涵养流失（Ke et al.，2019）等一系列生态系统服务的下降，甚至会引发严重的生态灾害；③引发耕地补充地区的生态用地流失，从而造成生态系统服务价值萎缩（Zheng et al.，2019）；④生态用地流失以及生态系统服务和价值的下降将可能引发区域重大的生态安全问题。因此，耕地占补平衡政策的实施不仅会影响我国耕地利用变化，同时还很可能导致一些省级行政单元，尤其是耕地后备资源较多的耕地补充地区的生态用地流失、生态系统服务减弱、生态系统服务价值下降、生态安全风险增加等一系列生态环境问题。

土地利用效益是土地利用活动产生的各种有价值的成果的总称（彭建等，2005），主要表现为社会经济效益与生态环境效益，两者相互制约、相互促进、相互影响（许坚，1998）。第一，土地是所有人类社会活动的载体，为人类社会活动提供物质资料和活动场所，在为人类社会提供巨大效益的同时，也会因技术水平和认知程度的限制，受到污染和破坏。当土地生态系统受到破坏时，相应的社会经济效益也会受到影响。第二，土地的数量、质量和利用程度是与社会经济发展的需求密切相关的。在社会经济快速发展的时期，对于土地资源的需求量日益增加。由于生态系统自身具有恢复能力，如果土地资源的开发与利用程度没有超过生态系统的承载能力，那么生态系统就能保持可持续性，土地资源可以提供一个稳定的供给。但是，如果对土地资源的开发和利用程度超过了生态系统的承载能力，即对土地资源的不适度、不合理、不科学的利用，如建设用地占用耕地以及补充耕地占用林地、湖泊、湿地等，就会引发水土流失、土地质量退化、荒漠化等难以遏制的土地生态问题，最终将制约社会经济的发展。第三，社会经济效益与生态环境效益可以相互促进、协调发展。社会经济快速发展可以创造更先进的技术，加深人们对资源环境的科学认知，提高人们对自然资源和生态环境的利用能力。生态系统的平稳健康发展是社会经济发展和人类社会发展的基础。现阶段关于社会经济发展与生态系统的研究，大多为特定区域中两者的关系研究。以特定区域为研究区域，如某一城市、某一城市群或某一经济带，建立指标体系，评价社会经济系统与生态环境系统联系的紧密程度，确定两个系统的演化状态，通过这样的方法展示社会经济与生态环境之间的相互影响。

我国耕地占补平衡政策的要求已经从"数量"保护发展为数量、质量、生态"三位一体"的保护，调整政策时主要从以下几个方面进行：第一，在政策目标上，由追求单一的经济效益目标调整为追求经济效益、社会效益和生态效益等多重目标；第二，在政策内容设计上，在加强"补充耕地"质量建设、管理与监督的基础上，由鼓励耕地开发逐步向土地整理、复垦与综合整治转化；第三，在政策执行上，基于初步形成的主体功能区，逐步改变以往国土空间开发秩序混乱和结构不合理的状况，逐步制定差别化、区域化的土地政策；第四，在政策考核上，将经济效益、社会效益和生态效益一并列入政策考核要求。

耕地占补平衡势必会影响土地利用格局，并且不仅会影响耕地的数量与分布，同时也会影响其他各类用地的数量与分布。尤其是对于生态用地而言，耕地占补平衡对生态用地数量、生态系统功能、生态系统服务价值的影响是不容忽视的。研究耕地占补平衡对生态系统的影响，具有以下三个意义。第一，从生态系统服务价值这一方面评价耕地占补平衡政策的效应是一种评估耕地占补平衡政策的新角度，将生态效应纳入耕地占补平衡的效果评价体系是顺应了新时期我国对协同经济发展、耕地保护和生态保护的多重要求。第二，在对耕地占补平衡进行效果评估之后，评估结果为如何调整耕地保护政策提供了依据和方向，我国的耕地占补平衡政策经历了较长的发展阶段，并根据时代发展需求不断地进行调整、创新和改革，对耕地占补平衡效果的预评估能够为耕地保护政策不断完善提供科学依据。第三，在我国经济快速发展的形势下，生态保护日渐成为发展的新前提、新目标。生态保护的内容就是要保证生态用地的数量，优化生态系统服务，提高生态系统服务价值，这是促进我国经济更快更好发展的必要动力，也是人类生活的新需求，更是人类社会得以延续和发展的基础。

2.2.3　土地利用优化配置

土地利用格局优化，即不同土地利用类型在时间和空间尺度上的优化配置，旨在协调经济效益、社会效益和生态效益三者之间的关系。长期以来，关于土地利用格局优化的研究侧重于通过对各土地利用类型及数量的优化配置来实现经济效益的最大化，即以追求以上三种效益中的经济效益为先。然而随着耕地保护工作的大力发展和生态文明建设的不断推进，在土地利用优化配置中实现经济效益、社会效益和生态效益的协同发展已经逐渐得到重视。

近年来，生态效益已经成为土地利用优化配置的重要约束条件和优化目标，生态安全和生态保育的理念也开始在土地利用优化配置中得到体现。Wierzbicki等（2000）以欧洲共同体农用土地资源面临的最主要污染问题为导向，以氮流失量最小为规划目标，建立了欧洲共同体农用土地利用结构优化模型；徐学选等（2001）利用线性规划方法，针对黄土丘陵地区的农林牧用地结构进行优化模式设计，以最大收入为目标函数，因兼顾生态效益增加土地侵蚀约束，因兼顾社会效益增加人口约束、人均粮食约束、劳动力合理利用约束，在生态效益、社会效益需求的约束下，优化用地结构；林彰平（2000）提出了生态安全条件下土地利用模式优化研究的概念框架，建立生态安全模式，并基于 GIS，从景观生态格局、土地荒漠化和水环境等三方面对东北农牧交错带土地利用变化的生态环境效应进行了实证分析；刘艳芳等（2002）引入森林与耕地、草地之间基于"绿量相当"的面积换算关系，定量测算出该类用地的生态绿当量，建立了区域土地利用结构优化的多尺度控制过程模式及生态优化的数学模型，并构建了区域土地利用结构多目标线性规划模型，提出基于生态绿当量的土地利用优化思路；苏伟等（2006）综合使用"自上而下"的灰色线性规划方法和"自下而上"的元胞自动机方法，建立了土地利用格局优化模拟模型，进行了中国

北方农牧交错带生态安全条件下的土地利用格局优化模拟研究；吕红峰等
（2006）以生态安全为前提，依据用地功能、土地利用不安全程度、地形地貌、
单因子不安全程度、自然地带、生态岛等原则，借助遥感和地理信息系统
（geographical information system，GIS）技术对呼伦贝尔沙地北部海拉尔沙带的
土地利用进行了生态安全评价和优化，提出了海拉尔沙带生态安全条件下的土
地利用结构优化方案；梁伟恒等（2012）建立了生态安全约束条件下的土地利
用优化模式，运用主成分分析法、聚类分析法和灰色线性规划法，提出了适合
西南丘陵区的土地利用优化的模式。

2.2.4　耕地保护补偿机制

　　构建健全的耕地保护补偿机制，使耕地资源从被动的强制保护转变为责任
主体的主动保护，是完善耕地占补平衡政策的迫切需求。2017 年，《中共中央
国务院关于加强耕地保护和改进占补平衡的意见》要求"加强对耕地保护责任
主体的补偿激励""按照谁保护、谁受益的原则，加大耕地保护补偿力度"；
2021 年新修订的《中华人民共和国土地管理法实施条例》明确要求建立耕地保
护补偿制度，这两个政策都对耕地保护补偿制度的建立提出了明确的要求。

　　已有研究对耕地保护补偿机制构建的理论基础、补偿主客体、补偿标准、
补偿形式等进行了广泛讨论。在耕地保护补偿理论方面，目前尚未形成较为系
统、全面和统一的理论，主要借鉴外部性理论、土地发展权理论、可持续发展
理论等相关理论（唐忠和魏素豪，2018；贾晶，2016）。耕地保护补偿金的接
受方与支付方的确定是耕地保护经济补偿机制构建的关键。受偿主体通常是当
前耕地经营者，如农民和农村集体经济组织以及过多承担耕地保护任务地区的
地方政府（赵凯，2012；柯新利等，2015；毋晓蕾等，2014），即因为向外界
提供社会与生态价值等正外部性价值而自身机会成本损失的主体；而补偿主体
是指其他区域内耕地保护正外部性的受益主体（牛海鹏等，2011；苑全治等，
2010）。耕地保护补偿标准的确定是耕地保护补偿机制构建的核心和难点。目
前研究大多从耕地资源价值的角度关注补偿标准，如耕地的经济产出价值、耕
地的社会和生态价值（张俊峰等，2022；柴铎和林梦柔，2018）。目前耕地补
偿标准由单一的耕地资源价值转向与耕地发展权价值相结合的价值标准（宋戈
等，2014）。此外，多数研究采用投入产出法、当量因子法、土地出让收益折

算法等多种方法来测算耕地保护补偿标准（谢高地等，2008；陈昱等，2009；柯新利等，2015）。

关于耕地保护补偿运行机制，国内外学者从理论和实践两个层面进行了相关研究。在理论层面，关于耕地保护补偿运行机制可以根据补偿分区的划分分为两类：一类是从耕地利用现状出发，考虑耕地发展权价值、粮食安全和生态安全的区域耕地保护经济补偿模式（宋戈等，2014；刘利花等，2020）；另一类是从耕地资源空间优化布局出发，基于耕地非农化收益和耕地生态价值构建的区域耕地保护经济补偿模式（柯新利等，2015）。在实践层面，主要是土地发展权的购买和转移以及农业外部性补偿两种形式。土地发展权的购买和转移项目可以对失去土地开发权的农民进行补偿，有利于地方政府实现农村地区大片土地的保护与发展。在外部性补偿方面，美国、欧盟等国家和地区主要通过实施农业环境政策向农民支付环境服务费来减少农业生产负外部性影响，以此激励农民保护耕地。我国从国家层面主要对农业实行一些补贴政策和对种植区农民给予一定的经济补偿。

2.2.5　研究述评

1）耕地占补平衡的实施效果

耕地占补平衡政策自实施以来引起了学术界的广泛关注，因此广大学者从粮食产能、生态环境等方面评估耕地占补平衡的效果。在粮食产能方面，有学者认为耕地占补平衡防止了耕地资源的进一步流失，对提高粮食产能发挥了积极作用。有学者发现耕地占补平衡过程中"占优补劣"会限制粮食产能的提升。耕地是保障粮食产能的根本，有必要深入剖析耕地占补平衡对其数量、质量的影响。在生态环境方面，耕地占补平衡政策在理论上倡导"生态优先"理念，将生态环境保护放到突出位置。然而，在耕地占补平衡过程中生态用地被开垦成耕地，对生态环境产生负面影响，因此有必要对耕地占补平衡的生态效应进行深入研究。

2）耕地利用变化对生态系统服务的影响

我国耕地占补平衡政策已从数量保护转向数量、质量、生态"三位一体"。政策调整目标包括经济效益、社会效益和生态效益。内容设计强调加强"补充耕地"质量建设，逐步从鼓励耕地开发向土地整理、复垦与综合整治转变。执行方面基于主体功能区调整土地政策，考核要求包括经济效益、社会效益和生态效益。耕地占补平衡影响土地利用格局，尤其对生态用地数量、功能和服务价值产生显著影响。研究耕地占补平衡对生态系统的意义在于评估政策效益、提供调整政策的依据，以及在我国经济快速发展的背景下，强调生态保护对于可持续发展的重要性。

3）土地利用格局优化配置

传统土地利用格局优化研究侧重于经济效益最大化，但现在生态效益成为约束条件和优化目标。当前研究趋向于综合考虑经济效益、社会效益和生态效益，以实现土地利用的综合优化。

4）耕地保护补偿机制的研究进展

耕地保护补偿机制构建是实施耕地占补平衡政策的迫切需求。2017 年和2021 年相关文件明确了耕地保护责任主体的补偿激励和建立耕地保护补偿制度的要求。已有研究从理论基础、补偿主客体、补偿标准等方面广泛讨论。理论基础方面，借鉴了外部性理论、土地发展权理论等。但在耕地保护补偿机制构建方面，目前研究在理论与方法上虽取得了很大的发展，但尚未形成系统的框架，相关理论探讨略滞后于方法进展。在确定耕地保护补偿主客体时大多根据耕地利用现状，试图通过耕地保护区域补偿使耕地维持现状，导致耕地非农化压力在部分地区难以释放。在耕地保护补偿标准确定时考虑的价值标准不一致，未形成系统的耕地保护补偿价值标准。在耕地占补平衡绩效考核方面的研究从只关注耕地的产出转移到关注耕地保护的行为上。研究耕地保护的方向渐渐从只关注耕地保护的数量、质量转到三位一体的数量、质量、生态综合层面，但是相关研究较少。此外，对耕地差别化的研究集中于耕地占补平衡考核体系、农民经济补偿等非常具体的某个角度，目前没有形成系统的考核指标体系，且缺少综合性差别化的考核方法。当前我国耕地保护监管工作中存在执法不严、违法不究等问题。目前耕地占补平衡监管体系方面的研究主要针对现存问题和新的挑战提出相应的对策建议，但缺乏相关的路径研究，也鲜有学者对这些对策实施的效果以及可能产生的其他后果开展实证研究。

总体来说，中国的耕地保护制度不断发展和完善，政策设计也不断地变化和调整，但仍存在一些不足，耕地保护制度需要进一步完善和补充；耕地占补平衡仍是当前和未来一段时间内必须坚守、不可替代的重要政策之一，有效反馈占补平衡制度实施成效、系统优化耕地占补平衡制度对永续保障国家粮食安全具有十分重要的意义；此外，现有耕地占补平衡政策完善与保障措施仍有不足，需要进一步构建更加完善的耕地占补平衡政策保障机制。

2.3　相关理论

2.3.1　可持续发展理论

20 世纪后半叶以来，人类连续遭受诸如全球变暖、全球生态退化、失业、贫困等问题的影响，对"发展"的认识逐渐发生改变。1987 年，布伦特兰夫人在其报告（《我们共同的未来》）中呼吁全球各国将可持续发展纳入国家发展目标中，以"既满足当代人的需要，又不对后代人满足其需要的能力构成危害的发展"为定义的可持续发展得到与会国家的一致认可（谷树忠等，2013）。牛文元（2012）对可持续发展理论做了深刻的剖析，提出了中国可持续发展战略的七大主题。牛文元在其研究中指出，一般认为，可持续发展理论的"外部响应"即"处理好人与自然"之间的关系，这是可持续能力的硬支撑，而其"内部响应"是处理好"人与人之间的关系"，这是可持续能力的软支撑。美国世界观察研究所所长莱斯特·布朗教授认为"持续发展是一种具有经济含义的生态概念。一个持续社会的经济和社会体制的结构，应是自然资源和生命系统能够持续的结构"（谷树忠等，2013）。可持续发展作为一种新的发展观，其生态环境伦理、经济学理论是其最为重要的两个维度（刘仁忠和罗军，2007）。可持续发展理论发展至今，众多专家和学者都从不同视角对其进行了定义，现存文献对可持续发展理论的定义大致可以分为五类：可持续发展的终极目标是为了发展和保证人类的生存；可持续发展的本质是为了在经济发展与环境生态间寻求一个动态平衡点；可持续发展理论的社会意义在于为人类提供优质的生存环境；可持续发展的重中之重是在保证公平性的前提下寻求经济最大程度的发展；可持续发展的实现要依赖绿色高效的技术。

国内外学者对可持续发展理论的认识都离不开生态的概念，由此也可以看出，"生态"对于实现可持续发展来说是不可忽视的，甚至可以说是实现区域可持续发展必须要考虑的基础条件之一。生态文明是人类在改造客观世界的同时改善和优化人与自然的关系，建设科学有序的生态运行机制，体现了人类尊重自然、利用自然、保护自然、与自然和谐相处的文明理念。建设生态文明，树立生态文明观念，是推动科学发展、促进社会和谐的必然要求，它有助于唤醒全民族的生态忧患意识，认清生态环境问题的复杂性、长期性和艰巨性，持之以恒地重视生态环境保护工作，尽最大可能地节约能源资源、保护生态环境。生态文明观念作为一种基础的价值导向，是构建社会主义和谐社会不可或缺的精神力量。牢固树立生态文明观念，积极推进生态文明建设，是深入贯彻落实科学发展观、推进中国特色社会主义伟大事业的题中应有之义。只有建设生态文明，才能推进可持续发展。

2.3.2　外部性理论

外部性源于新古典经济学家马歇尔对企业发展问题的研究。庇古在马歇尔的基础上提出了"外部不经济"的概念，更加丰富了外部性的含义。科斯定理的出现成为外部性理论的第三座里程碑，提供了外部性内部化的另一种思路。

土地利用活动作为一种社会经济活动，除了在区域内有影响，对其他区域和主体也会产生影响，这种影响即外部性影响。具体而言，所谓土地利用的外部性可以理解为土地使用者或者所有者在土地利用过程中，通过环境作用对他人或者社会所产生的超越主体范围的有利或者不利的影响，其中最明显的就是土地利用的生态效益。胡仪元（2010）认为外部性是生态环境问题形成的原因，而生态补偿是对生态资源外部效应的矫正。陈玉玲（2014）认为将外部性概念引入环境保护，有助于寻找促使外部性问题内部化的有效方式，可以解决日益严重的环境问题。完颜素娟和王翊（2007）认为生态补偿的核心理念是外部效应的内部化。王昱等（2012）指出一个区域的生态建设，通过地理媒介的传导，会使其他区域享受到生态服务，在一定条件下，接受生态服务的区域并不为此提供补偿，由此就构成了区域外部性问题。在特定的产权安排和区域制度背景下，区域之间的生态补偿可以有效解决部分区域外部性问题。

2.3.3　区域发展空间均衡理论

资源要素在区域间的合理流动是空间均衡的前提（谷树忠等，2013）。区域发展不均衡是我国的基本国情之一。自杜能和韦伯的区位理论提出以来，区域经济发展的研究领域已经从区位理论的个体微观层面转向空间意义上的区域经济均衡发展的宏观层面。从资源稀缺性出发,如何实现资源合理有效配置以达到帕累托最优状态,是经济学中永恒的命题。由于资源要素禀赋的差异、产品的不完全可分性、资源要素的不完全流动性以及累积因果循环的影响,不同发展水平的地区之间存在经济差距拉大的趋势,出现经济发展不均衡。个人逐利行为导致了经济的增长与资源、环境、社会之间不可自发调节的矛盾,这从理论上引出了分析区域经济协调发展的必要性(颜世辉和白国强,2009)。改革开放以来,中国的经济发展迅猛,但受到多种原因的影响,各区域的发展差距不断扩大,经济发展出现明显的不平衡。整体经济效率增速放缓和资源配置效率的恶化会损害中国经济的国际竞争能力(陆铭和向宽虎,2014)。

耕地保护作为一种土地利用活动,其实施范围现已突破早先的区域,出现跨省域的耕地保护行为,使得不同区域之间的土地资源建立跨越空间的联系。实施省际的易地开发耕地占补平衡指标置换,既可以盘活后备资源丰富地区的存量耕地资源,又能支持发达地区的经济建设(刘新平等,2006)。但实际上,往往出现东部发达地区向西部落后地区购买指标,从而导致东、西部经济发展差距进一步加大。且受到后备耕地资源开发难易程度的影响,实际补偿耕地时,易于开发的生态用地往往容易成为补充对象。区域之间经济发展差异所带来的资源在空间上配置的不合理,给社会经济发展以及生态系统稳定带来了潜在的风险。区域间的生态补偿,作为一种经济手段,可以在一定程度上抑制东西部地区在土地资源利用与配置方面的不合理性,促进区域间的均衡发展。

2.3.4 最优化理论

最优化理论是关于系统的最优设计、最优控制、最优管理问题的理论与方法。最优化,就是在一定的约束条件下,使系统具有所期待的最优功能的组织过程,是从众多可能的选择中进行最优选择,使系统的目标函数在约束条件下达到最优。

由于土地的稀缺性和利用过程中的不合理性,土地资源的优化配置显得尤为重要,众多学者从合理保护土地资源和科学利用土地的角度进行了研究(罗鼎等,2009)。土地资源优化配置是指在全面认识区域土地资源现状构成及存在问题的前提下,为了达到一定的社会、经济和生态目标的最优化,根据土地的特性，利用一定的管理手段和科学技术，对指定区域的土地资源进行利用方式、数量结构、空间布局和综合效益等的优化，保持人地系统的协调运行和可持续发展，不断提高土地生态经济系统功能。通过土地利用结构优化可以提高区域土地利用系统的结构效益和功能（严金明，2002）。

2.4　构建分析框架

耕地占补平衡涉及经济效益、社会效益和生态效益，因此对耕地占补平衡的实施效果分析应该从多个维度进行考虑。耕地占补平衡不仅影响我国耕地利用的空间变化，同时还会导致耕地补充地区的生态用地流失、生态系统服务减弱、生态系统服务价值下降、生态安全风险增加等一系列生态环境问题。因此，本书中的耕地占补平衡效应分析框架包括对耕地数量和质量的影响与对生态系统服务及其价值的影响分析两个方面，其中包含了历史阶段和未来阶段。在此基础上，开展了权衡粮食安全和生态保育的耕地利用布局优化，并基于优化布局结果建立耕地保护区域补偿机制。具体而言，包括以下几个方面。

2.4.1　耕地占补平衡对耕地数量和质量影响的分析框架

耕地占补平衡政策对耕地的影响主要体现在两个方面：耕地数量及其分布变化、耕地生产力的变化。一方面，实行耕地占补平衡政策很可能导致区域耕地资源分布的两极化。随着城市化、工业化扩张，新开发的建设用地大量占用耕地，导致了耕地资源的减少，尤其是城市周边的耕地资源更容易被占用，从而导致这些地区耕地资源快速流失。对于耕地补充的地区而言，耕地占补平衡项目通过土地整治等措施，充分开发未利用地，增加了耕地数量。另一方面，耕地占补平衡政策很可能导致全国范围内耕地生产力总量的剧烈变化。我国耕地资源分布极为不均（司振中等，2010），同时，土壤、气候、农业生产条件也是千差万别。正是由于农业资源禀赋的空间异质性，我国各地区耕地的生产力也存在显著的区域差异。我国耕地粮食生产潜力的高值区主要分布在东北平原区、长江中下游平原，以及黄淮海平原区，而这些往往都是经济较发达的快速城市化地区。青藏高原区、北方干旱半干旱区等西部区域则受自然条件限制，耕地生产力较为低下，同时也是经济落后的地区（刘洛等，2014）。在耕地占补平衡的过程中，耕地将在全国范围内产生转移。然而，全国各地区耕地生产力水平具有显著差异，当经济发达地区生产力较高的耕地发生流失后，很难保证在其他省级单元补充时开垦等质等量的耕地，从而造成全国耕地生产力总量的下降。

因此，本书分析了历史阶段 2000～2020 年全国尺度以及省级尺度耕地占补平衡作用下耕地数量、质量的变化。在耕地数量变化方面，测算耕地占补平衡作用下耕地数量的净变化，并且分析耕地补充、耕地被占用的情况。在耕地质量方面，采用耕地生产潜力表征耕地质量，分析耕地占补平衡导致的耕地空间变化及引发的耕地质量变化。对于未来阶段 2020～2040 年，分别设定 SPN、SPP，模拟不同耕地占补平衡情景下的土地利用变化，并开展对耕地数量质量影响的预评估。

2.4.2 耕地占补平衡对生态系统服务及其价值影响的分析框架

耕地补充的生态问题已经为我国耕地保护工作敲响了警钟。各地区频发"填湖造田""毁林补耕"等现象，使得耕地补充不仅无法满足耕地质量的占补平衡，还给生态环境造成了巨大的损失。当实施跨省域耕地占补平衡后，由于耕地补充指标向本区域外转移，耕地占用地区可以减少耕地对当地生态用地的侵占。但是，对于耕地补充地区来说，政策实施后势必会增加当地新增耕地的开垦指标。那么，耕地补充将有可能导致一系列生态效应，不仅会影响我国耕地利用变化，同时还很可能导致生态用地流失、生态系统服务减弱、生态系统服务价值下降、生态安全风险增加等一系列生态环境问题。

因此，在分析耕地占补平衡影响下的土地利用变化的基础上，本书剖析了由此引发的生态系统服务及其价值的变化。本书选取生境质量、碳储存功能、水土保持功能、水质净化功能、产水功能等关键生态系统功能指标，评估历史阶段（2000～2020 年）及未来阶段（2020～2040 年）全国尺度、省级尺度耕地占补平衡对生态系统服务及其价值的影响。

2.4.3　权衡粮食安全和生态保育的耕地利用空间布局优化的分析框架

　　耕地保护事关粮食安全、生态安全和社会稳定。党中央、国务院高度重视耕地保护工作，要求用最严格的耕地保护制度落实数量、质量和生态"三位一体"保护。耕地占补平衡制度是耕地保护的核心制度之一。粮食安全依靠的是耕地的粮食产出，只有确保具备一定产出能力的耕地，即保证一定的耕地生产力总量，才能保障全国的粮食安全。粮食产出与土地利用的变化存在较为密切的关系，随着我国人口变化以及农产品需求量的不断增长，我国土地利用方式和结构都需要相应变化，实际上也产生了较大变化。土地利用变化会对我国的粮食生产和供给造成一定的影响，如耕地面积减少和土地生产力降低等状况，都会直接影响到我国的粮食生产。应当从全国的角度，对我国整体土地利用变化和粮食生产状况进行分析。我国幅员辽阔，各个地区的自然环境和资源状况有着较大的差异，土地利用变化对各地粮食生产产生的影响也有一定的不同。应当从空间角度，对我国各地耕地利用变化进行分析，对于土地利用规划和粮食生产政策进行制定来说有积极意义。

　　基于上述理论分析，耕地占补平衡政策的实施势必会导致我国耕地利用空间分布以及生态效应的变化。本书开展权衡粮食安全与生态保育的耕地利用布局优化分析，以期实现在维持全国耕地生产力总量平衡的前提下，满足区域城市发展对建设用地需求，并实现生态系统服务价值最大化。

2.4.4　基于土地利用空间布局优化的耕地保护区域补偿机制的分析框架

　　建立保护区域补偿机制对于实施耕地占补平衡政策具有重要的意义。我国正处于城市化快速发展阶段，耕地保护形势严峻。长期以来，我国政府采用世界上最严格的耕地保护政策力图实现耕地保护以保障粮食安全（邓健，2010）。然而，作为耕地保护政策重要组成部分的耕地总量动态平衡、土地用途管制、建设用地的年度供应计划在很多地方出现政策失灵。这是由于当前我国的耕地保护政策未将耕地资源禀赋多样性及社会经济发展的区域差异纳入考虑；此外，耕地非农化需求的内在合理性在不同区域及社会经济发展阶段仍有待考量（孔祥斌等，2004）。

本书提出基于耕地区际布局优化确定区域耕地保护目标责任，并将补偿标准与耕地非农化收益挂钩，建立耕地保护区域补偿机制。确定耕地保护目标责任作为耕地区域保护补偿机制的重要内容，主要是基于耕地布局的优化结果，以耕地非农化收益作为基础，结合耕地价值和耕地赤字/盈余状况测算补偿标准，落实耕地保护政策的作用。确定耕地区际布局优化目标的前提是保证全区域粮食安全，基于各区域的耕地非农化压力的差异，开展耕地资源的空间配置，尽可能释放耕地非农化压力，统筹全区域粮食安全对耕地保护的需求和各区域社会经济发展对区域耕地非农化的需求，提高土地资源的利用效率。耕地保护区域补偿机制考虑区域间的差异性，合理分配适合该区域的耕地保护目标责任，并通过区域间财政转移支付等方式实现不同区域间耕地保护利益关系的协调，使部分经济发达地区在承担较少耕地保护目标责任的基础上对承担较多耕地保护目标责任的区域进行补偿，从而在各区域之间实现耕地资源的优化配置，促进区域公平发展。

本章参考文献

暴元. 2008. 中国区域经济发展不平衡的原因及对策. 河南师范大学学报(哲学社会科学版), (1): 178-180.

卞耀武. 1998. 中华人民共和国土地管理法释义. 北京: 法律出版社.

蔡运龙, 霍雅勤. 2006. 中国耕地价值重建方法与案例研究. 地理学报, 61(10): 1084-1092.

曹隽隽. 2013. 江汉平原耕地质量与粮食生产能力时空耦合研究. 武汉: 华中师范大学.

柴铎, 林梦柔. 2018. 基于耕地"全价值"核算的省际横向耕地保护补偿理论与实证. 当代经济科学, 40(2): 69-77, 126-127.

陈百明. 1996. 论"谁来养活中国". 自然资源学报, 11(3): 210-215.

陈洪博. 1992. 城镇土地使用的双轨制及隐形市场. 经济研究, (3): 70-73, 69.

陈美球, 洪土林, 刘桃菊, 等. 2018. 落实耕地占补产能平衡的思考. 中州学刊, (1): 39-44.

陈美球, 刘桃菊, 吴萍. 2016. 耕地占补平衡政策落实的现实困境与完善对策. 中州学刊, (5): 50-53.

陈美球, 刘桃菊. 2018. 新时期提升我国耕地保护实效的思考. 农业现代化研究, 39(1): 1-8.

陈玉玲. 2014. 生态环境的外部性与环境经济政策. 经济研究导刊, (16): 291-292, 300.

陈昱, 陈银蓉, 马文博. 2009. 基于耕地保护外部性分析的区域补偿机制研究. 国土资源科技管理, 26(2): 1-5.

陈展图, 杨庆媛. 2017. 中国耕地休耕制度基本框架构建. 中国人口·资源与环境, 27(12): 126-136.

陈正, 王建强, 王健. 2018. 新形势下耕地占补平衡监管体系建设. 中国土地, (2): 39-41.

陈祖海, 杨婷. 2013. 我国家庭农场经营模式与路径探讨. 湖北农业科学, 52(17): 4282-4286.

邓朝春, 辜秋琴. 2022. 我国农村土地承包经营制度的演进逻辑与改革取向. 改革, (5): 143-154.

邓健. 2010. 重庆市耕地保护区域补偿机制研究. 重庆: 西南大学.

段龙龙, 李涛, 叶子荣. 2016. 中国式耕地质量保护之谜: 从市场逻辑到政策规制. 农村经济, (4): 25-31.

范战平, 赵启航. 2023. 耕地占补平衡制度: 历程·问题·建议. 哈尔滨师范大学社会科学学报, 14(1): 66-69.

傅伯杰. 2010. 我国生态系统研究的发展趋势与优先领域. 地理研究, 29(3): 383-396

高海. 2020. 论农民进城落户后集体土地"三权"退出. 中国法学, (2): 30-47.

高小刚, 谷昔伟. 2019. "三权分置"中农地经营权融资担保功能之实现路径——基于新修订《农村土地承包法》的分析. 苏州大学学报(哲学社会科学版), 40(4): 72-82.

高星, 吴克宁, 郧文聚, 等. 2015. 县域耕地后备资源与规划期内数量质量并重的占补平衡分析. 农业工程学报, 31(12): 213-219.

葛菁华. 2013. 陕西省耕地保护与粮食安全研究. 西安: 西北大学.

耿丽娟, 黄宏胜, 何亚芬. 2016. 中国耕地占补平衡制度的演变与展望. 安徽农业科学, 44(7): 231-235.

谷树忠, 胡咏君, 周洪. 2013. 生态文明建设的科学内涵与基本路径. 资源科学, 35(1): 2-13.

郭杰, 蔡璇, 朱天琦. 2018. 耕地保护政策变迁与新时代耕地占补平衡创新. 土地科学动态, (1): 11-15.

郭旭东, 谢俊奇, 李双成, 等. 2015. 土地生态学发展历程及中国土地生态学发展建议. 中国土地科学, 29(9): 4-10.

郭旭东, 谢俊奇. 2018. 新时代中国土地生态学发展的思考. 中国土地科学, 32(12): 1-6.

郭旭东. 2014. 土地资源数量质量生态监测指标体系研究. 国土资源情报, (10): 32-38

郭一珂, 吴洪涛, 姚敏, 等. 2015. 全国耕地占补平衡监管信息化研究. 国土资源信息化, (6): 35-40.

郭一珂, 姚敏, 吴洪涛, 等. 2018. 基于账户管理的耕地占补平衡动态监管系统设计与应用. 国土资源信息化, (6): 7-12.

郭珍. 2018. 中国耕地保护制度的演进及其实施绩效评价. 南通大学学报·社会科学版, 34(2): 67-73.

韩娟, 吕萍, 薛剑, 等. 2009. 现行耕地占补平衡考核机制自身建设问题及建议. 资源与产业, (1): 54-57.

农村土地综合开发治理投资课题组, 韩连贵. 2017. 关于探讨农村土地综合开发治理利用、征购储备、供应占用和财政筹融资监管体系完善的途径(下). 经济研究参考, (20): 4-115.

韩璐, 孟鹏, 蒋仁开, 等. 2018. 新时代耕地占补平衡的逻辑根源、模式探索与管理创新——基于"新时代耕地占补平衡方式改进与管理创新研讨会"的思考. 中国土地科学, 32(6): 90-96.

郝晋珉. 1996. 土地利用控制. 北京: 中国农业科技出版社.

何振嘉, 范王涛, 杜宜春. 2021. 占补平衡项目对千阳县新增耕地等别和粮食产能的影响. 中国农机化学报, 42(2): 209-216.

何振嘉, 贺伟, 李刘荣, 等. 2022. 旱塬区新增耕地质量和粮食产能影响因素分析——以占补平衡项目为例. 排灌机械工程学报, 40(11): 1151-1158, 1166.

洪舒蔓, 郝晋珉, 周宁等. 2014. 黄淮海平原耕地变化及对粮食生产格局变化的影响. 农业工程学报, 30(21): 268-277.

侯红艳, 戴尔阜, 张明庆. 2018. InVEST 模型应用研究进展. 首都师范大学学报(自然科学版), 39(4): 62-67.

胡仪元. 2010. 生态补偿的理论基础再探——生态效应的外部性视角. 理论探讨, (1): 70-73.

宦吉娥, 刘东豪. 2020. 跨省域补充耕地国家统筹制度的挑战与应对. 湖北农业科学, 59(10): 154-158.

黄海潮, 雷鸣, 孔祥斌, 等. 2022. 中国耕地空间格局变化及其生态系统服务价值响应. 水土保持研究, 29(1): 339-348.

黄宏胜, 邵新霞, 钟海燕. 2020. 江西省婺源县耕地占补平衡实施效果评价及其改进对策. 浙江农业科学, 61(1): 162-165.

黄贤金, 濮励杰, 周峰, 等. 2002. 长江三角洲地区耕地总量动态平衡政策目标实现的可能性分析. 自然资源学报, (6): 670-676.

贾晶. 2016. 机会成本理论下的农户耕地保护经济补偿标准研究. 价格月刊, (4): 84-87.

姜和忠, 徐卫星. 2012. 土地利用困境的制度驱动与体制创新: 以浙江省为例. 农村经济, (3): 23-27.

蒋瑜, 濮励杰, 朱明, 等. 2019. 中国耕地占补平衡研究进展与述评. 资源科学, 41(12): 2342-2355.

金岚. 1992. 环境生态学. 北京: 高等教育出版社.

柯新利, 唐兰萍. 2019. 城市扩张与耕地保护耦合对陆地生态系统碳储量的影响——以湖北省为例. 生态学报, 39(2): 672-683.

柯新利, 杨柏寒, 丁璐, 等. 2015. 基于目标责任区际优化的耕地保护补偿. 中国人口·资源与环境, 25(1): 142-151.

孔祥斌, 张凤荣, 徐艳, 等. 2004. 集约化农区近 50 年耕地数量变化驱动机制分析——以河北省曲周县为例. 自然资源学报, 19(1): 12-20.

李超, 汤怀志. 2022. 坚持系统思维完善耕地质量保护体制机制. 中国农业综合开发, (12): 7-9.

李国敏, 卢珂, 黄烈佳. 2017. 国家尺度下耕地功能占补平衡模式研究. 地域研究与开发, 36(6): 110-114.

李国敏, 王一鸣, 卢珂. 2017. 耕地占补平衡政策执行偏差及纠偏路径. 中国行政管理, (2): 108-112.

李浩, 孙久虎, 张书华, 等. 2021. 基于 BPM 的山东省耕地占补平衡监管系统设计与实现. 山东国土资源, 37(10): 76-80.

李相一. 2003. 关于耕地"占补平衡"的探讨. 中国土地科学, (1): 57-59, 64.

李鑫, 马晓冬, 肖长江, 等. 2015. 基于 CLUE-S 模型的区域土地利用布局优化. 经济地理, 35(1): 162-167, 172.

李秀彬. 2009. 对加速城镇化时期土地利用变化核心学术问题的认识. 中国人口·资源与环境, 19(5): 1-5.

梁伟恒, 廖和平, 杨伟, 等. 基于生态安全的西南山地丘陵区土地利用优化模式研究——以重庆市开县为例. 西南师范大学学报(自然科学版), 37(5): 119-126.

廖和平, 王玄德, 沈燕, 等. 2011. 重庆市耕地保护区域补偿标准研究. 中国土地科学, 25(4): 42-48.

林培, 程烨. 2001. "耕地总量动态平衡"政策内涵及实现途径. 中国土地科学, (3): 12-14.

林涛. 2009. 浅谈新疆耕地占补平衡考核新机制研究. 现代农业科学, 16(5): 240-241.

林彰平. 2002. 基于 GIS 的东北农牧交错带土地利用变化的生态环境效应案例分析. 地域研究与开发, (4): 51-54.

刘娟, 张峻峰. 2015. 发达国家"三位一体"耕地保护管理实践. 世界农业, (1): 28-31

刘利花, 张丙昕, 刘向华. 2020. 粮食安全与生态安全双视角下中国省域耕地保护补偿研究. 农业工程学报, 36(19): 252-263.

刘洛, 徐新良, 刘纪远, 等. 2014. 1990～2010 年中国耕地变化对粮食生产潜力的影响. 地理学报, 69(12): 1767-1778.

刘仁忠, 罗军. 2007. 可持续发展理论的多重内涵. 自然辩证法研究, (4): 79-82, 105.

刘新平, 朱圆甜, 罗桥顺. 2006. 省际间易地开发耕地占补平衡指标置换的思考. 国土资源导刊, (6): 15-16.

刘庆, 陈利根, 舒帮荣, 等. 2010. 长株潭城市群土地生态安全动态评价研究. 长江流域资源与环境, 19(10): 1192-1197.

刘彦随, 杨忍. 2012. 中国县域城镇化的空间特征与形成机理. 地理学报, 67(8): 1011-1020.

刘艳芳, 明冬萍, 杨建宇. 2002. 基于生态绿当量的土地利用结构优化. 武汉大学学报(信息科学版), (5): 493-498, 515.

刘杨, 齐红. 1995. 印在大地上的足迹——新中国土地立法回顾. 中国土地, (6): 13-15.

刘永湘. 2003. 中国农村土地产权制度创新论. 成都: 四川大学.

刘兆顺, 杨德明, 王冬艳, 等. 2005. 我国耕地异地占补平衡的运行机制. 农业现代化研究, (5): 386-389.

卢新海, 黄善林. 2010. 我国耕地保护面临的困境及其对策. 华中科技大学学报(社会科学版), 24(3): 79-84.

陆铭, 向宽虎. 2014. 破解效率与平衡的冲突——论中国的区域发展战略. 经济社会体制比较, (4): 1-16.

路景兰. 2013. 论我国耕地的生态补偿制度. 北京: 中国地质大学(北京).

罗鼎, 月卿, 邵晓梅, 等. 2009. 土地利用空间优化配置研究进展与展望. 地理科学进展, 28(5): 791-797.

吕红峰, 潘东华, 刘珍, 等. 2006. 基于生态安全条件的沙区土地利用结构优化——以呼伦贝尔沙地典型样区为例. 呼伦贝尔学院学报, 14(4): 6-8.

马爱慧. 2011. 耕地生态补偿及空间效益转移研究. 武汉: 华中农业大学.

马驰, 秦明周. 2008. 构建我国区域间耕地保护补偿机制探讨. 安徽农业科学, (27): 11883-11885, 11904.

毛良祥. 2013. 耕地保护补偿标准与补偿基金规模研究. 北京: 中国地质大学(北京).

牛海鹏, 许传阳, 李明秋, 等. 2011. 耕地保护经济补偿的接受和给付主体分析——基于 110 份接受主体和 445 份给付主体的问卷调查. 资源科学, 33(3): 513-520.

牛海鹏, 杨小爱, 张安录, 等. 2010. 国内外耕地保护的经济补偿研究进展述评. 资源开发与市场, (1): 24-27, 83.

牛文元. 2012. 可持续发展理论的内涵认知——纪念联合国里约环发大会 20 周年. 中国人口·资源与环境, 22(5): 9-14.

彭建, 蒋依依, 李正国, 等. 2005. 快速城市化地区土地利用效益评价——以南京市江宁区为例. 长江流域资源与环境, (3): 304-309.

蒲杰. 2017. 耕地占补平衡指标跨省交易的几个理论问题. 理论与改革, (1): 8-18.

钱凤魁, 王秋兵, 边振兴, 等. 2013. 永久基本农田划定和保护理论探讨. 中国农业资源与区划, 34(3): 22-27.

钱忠好. 2003. 中国农地保护: 理论与政策分析. 管理世界, (10): 60-70.

沈培平, 岳耀杰, 王静爱, 等. 2006. 基于生态安全条件的沙区土地结构优化与高效利用——以科尔沁沙地为例. 干旱区研究, 23(3): 433-438.

司振中, 李貌, 邱维理, 等. 2010. 中国耕地资源的区域差异与保护问题. 自然资源学报, 25(5): 713-721.

宋戈, 柳清, 王越. 2014. 基于耕地发展权价值的东北粮食主产区耕地保护补偿机制研究. 中国土地科学, 28(6): 58-64.

宋懿, 梁春祥. 2013. 既要数量平衡 又要质量平衡——探索建立中低产田改造折算耕地占补平衡指标制度. 中国土地, 326(3): 44.

苏伟, 陈云浩, 武永峰, 等. 2006. 生态安全条件下的土地利用格局优化模拟研究——以中国北方农牧交错带为例. 自然科学进展, (2): 207-214.

谭术魁, 张红霞. 2010. 基于数量视角的耕地保护政策绩效评价. 中国人口·资源与环境, 20(4): 153-158.

谭永忠, 吴次芳, 王庆日, 等. 2005. "耕地总量动态平衡"政策驱动下中国的耕地变化及其生态环境效应. 自然资源学报, (5): 727-734.

汤怀志, 桑玲玲, 郧文聚. 2020. 我国耕地占补平衡政策实施困境及科技创新方向. 中国科学院院刊, 35(5): 637-644.

汤小橹, 金晓斌, 李洁, 等. 2009. 耕地占补平衡考核体系探讨——以荆州市某建设用地项目耕地占补为例. 中国土地科学, 23(2): 33-37.

唐正芒, 李志红. 2011. 简论改革开放以来党和政府对耕地保护的认识与实践. 中共党史研究, (11): 26-36.

唐忠, 魏素豪. 2018. 我国耕地保护补偿: 研究进展、主要争论与理论解释. 农村经济, (5): 1-7.

完颜素娟, 王翊. 2007. 外部性理论与生态补偿. 中国水土保持, (12): 17-20, 68.

王兵, 臧玲, 张香玲. 2018. 耕地占补平衡政策实施成效、问题与对策——以河南省为例. 开发研究, (4): 94-99.

王静怡, 李晓明. 2019. 近 20 年中国耕地数量变化趋势及其驱动因子分析. 中国农业资源与区划, 40(8): 171-176.

王克强, 高琰, 张玮, 等. 2017. 耕地资源资产负债核算体系构建分析——以上海市奉贤区为例. 农业技术经济, (10): 119-128.

王苗苗, 罗灵岭, 彭志刚. 2011. 湖南省耕地保护补偿分区实证研究. 内蒙古农业科技, (5): 31-33.

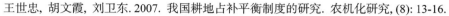

王世忠, 胡文霞, 刘卫东. 2007. 我国耕地占补平衡制度的研究. 农机化研究, (8): 13-16.

王硕. 2020. 我国耕地保护绩效评价及差别化考核研究. 北京: 首都经济贸易大学.

王文旭, 曹银贵, 苏锐清, 等. 2020. 我国耕地保护政策研究: 基于背景、效果与未来趋势. 中国农业资源与区划, 41(10): 40-51.

王昱, 丁四保, 卢艳丽. 2012. 基于外部性视角的区域生态补偿理论问题研究. 资源开发与市场, 2012, 28(8): 714-718, 754.

韦宇婵, 张丽琴. 2019. 鄂豫地区耕地资源变化时空特征及其影响因素. 水土保持通报, 39(2): 293-300.

魏雪, 刘黎明, 张定祥, 等. 2022. 湖南省水田占补平衡政策实施绩效评价. 中国土地科学, 36(1): 57-67.

毋晓蕾, 梁流涛, 陈常优. 2014. 耕地保护主体行为分析及补偿激励机制构建. 河南大学学报 (社会科学版), 54(6): 32-39.

吴次芳, 费罗成, 叶艳妹. 2011. 土地整治发展的理论视野、理性范式和战略路径. 经济地理, (10): 1718-1722.

吴宇哲. 2018. 面向 2030 年的耕地保护政策创新. 土地科学动态, (1): 5-8.

吴泽斌, 刘卫东, 罗文斌, 等. 2009. 我国耕地保护的绩效评价及其省际差异分析. 自然资源学报, 24(10): 1785-1793.

肖笃宁, 陈文波, 郭福良. 2002. 论生态安全的基本概念和研究内容. 应用生态学报, 13(3): 354-358.

谢高地, 张彩霞, 张雷明, 等. 2015. 基于单位面积价值当量因子的生态系统服务价值化方法改进. 自然资源学报, 30(8): 1243-1254.

谢高地, 甄霖, 鲁春霞, 等. 2008. 一个基于专家知识的生态系统服务价值化方法. 自然资源学报, 23(5): 911-919.

谢俊奇. 2004. 未来 20 年土地科学与技术的发展战略问题. 中国土地科学, 18(2): 3-9.

徐蕾, 孟繁敏. 2010. 美国粮食安全管理经验及启示. 黑龙江工程学院学报 (自然科学版), 24(4): 71-73.

徐学选, 张世彪, 王栓全. 2001. 黄土丘陵区生态建设中农林牧土地结构优化模式探讨. 干旱地区农业研究, (2): 94-99.

徐艳, 张凤荣, 颜国强, 等. 2005. 关于建立耕地占补平衡考核体系的思考. 中国土地科学, 19(1): 44-48.

许坚. 1998. 论土地利用中兼顾生态效益的经济意义. 中国土地科学, (5): 2-6.

薛亮. 2018. 勇当生态文明建设的主力军——聚焦国土资源工作助力美丽中国建设. 国土资源, (2): 24-27.

严金明. 1996. 土地利用结构的系统分析与优化设计——以南京市为例. 南京农业大学学报, (2): 88-95.

严金明. 2002. 简论土地利用结构优化与模型设计. 中国土地科学, (4): 20-25.

颜世辉, 白国强. 2009. 区域经济协调发展内涵新探. 湖北社会科学, (3): 95-98.

杨建锋, 马军成, 王令超. 2012. 基于多光谱遥感的耕地等别识别评价因素研究. 农业工程学报, 28(17) : 230-236.

杨树海. 2007. 城市土地集约利用的内涵及其评价指标体系构建. 经济问题探索, (1): 27-30.

杨叶. 2011. 耕地易地补充价值补偿测算研究. 南京: 南京师范大学.

姚柳杨, 赵敏娟, 徐涛. 2017. 耕地保护政策的社会福利分析: 基于选择实验的非市场价值评估. 农业经济问题, 38(2): 32-40, 1.

叶延琼, 陈国阶, 杨定国. 2002. 岷江上游生态环境问题及整治对策. 重庆环境科学, (1): 2-4, 16.

雍新琴, 张安录. 2011. 基于机会成本的耕地保护农户经济补偿标准探讨——以江苏铜山县小张家村为例. 农业现代化研究, 32(5): 606-610.

雍新琴. 2010. 耕地保护经济补偿机制研究. 武汉: 华中农业大学.

余亮亮, 蔡银莺. 2016. 补贴流向与耕地保护经济补偿政策农户满意度绩效——以成都市耕地保护基金为例. 长江流域资源与环境, 25(1): 106-112.

袁承程, 魏雪, 王林林, 等. 2022. 2009～2018年耕地占补平衡政策对湖南省湿地变化的影响机制与特征研究. 长江流域资源与环境, 31(12): 2642-2652.

苑全治, 郝晋珉, 张玲俐, 等. 2010. 基于外部性理论的区域耕地保护补偿机制研究——以山东省潍坊市为例. 自然资源学报, 25(4): 529-538.

岳永兵, 刘向敏. 2013. 耕地占补平衡制度存在的问题及完善建议. 中国国土资源经济, 26(6): 13-16.

郧文聚, 田玉福. 2008. 探索土地整理新机制保障和促进科学发展. 资源与产业, (5): 12-15.

臧俊梅, 王万茂, 李边疆. 2007. 我国基本农田保护制度的政策评价与完善研究. 中国人口·资源与环境, 17(2): 105-110.

臧俊梅, 张文方, 李景刚. 2008. 耕地总量动态平衡下的耕地保护区域补偿机制研究. 农业现代化研究, 29(3): 318-322.

张超, 乔敏, 郧文聚, 等. 2017. 耕地数量、质量、生态三位一体综合监管体系研究. 农业机械学报, 48(1): 1-6.

张传新. 2011. 我国当前耕地保护政策再审视. 中国国土资源经济, 24(1): 35-37, 40, 55.

张飞, 孙爱军, 孔伟. 2009. 跨省域耕地占补平衡的利弊分析. 安徽农业科学, 37(17): 8116-8118.

张虹波, 刘黎明. 2006. 土地资源生态安全研究进展与展望. 地理科学进展, 25(5): 77-85.

张俊峰, 梅岭, 张雄, 徐磊, 等. 2022. 长江经济带耕地保护生态价值的时空特征与差别化补偿机制. 中国人口·资源与环境, 32(9): 173-183.

张利, 陈影, 王树涛, 等. 2015. 滨海快速城市化地区土地生态安全评价与预警——以曹妃甸新区为例. 应用生态学报, 26(8): 2445-2454.

张平平. 2011. 基于粮食安全的皖江城市带耕地资源安全评价及保障措施研究. 芜湖: 安徽师范大学.

张树杰, 温仲明, 焦峰. 2005. 土地利用变化环境影响的外部性及其对策. 水土保持研究, (1): 39-42.

张效军, 欧名豪, 高艳梅. 2007. 耕地保护区域补偿机制研究. 中国软科学: (12): 47-55.

张燕梅. 2013. 我国耕地生态补偿研究——基于农民权益保护的视角. 福州: 福建师范大学.

张永恩, 褚庆全, 王宏广. 2009. 城镇化进程中的中国粮食安全形势和对策. 农业现代化研究, 30(3): 270-274.

赵凯. 2012. 论"三级三循环"耕地保护利益补偿模式的构建. 中国人口·资源与环境, 22(7):

120-126.

郑华玉, 沈镭. 2007. 农用地分等评价方法在耕地占补平衡考核中的应用——以广东省连州市为例. 资源科学, 29(4): 152-157.

周超, 吕开宇, 张崇尚. 2021. 粮食规模经营户生产经营行为与耕地质量变化特征. 江苏农业科学, 49(11): 220-225.

周伟, 沈镭, 石吉金, 等. 2022. 基于义务保有量的耕地保护补偿研究. 干旱区资源与环境, 36(11): 1-9.

周欣花. 2020. 黄土旱塬区新增耕地质量等别及粮食产能影响因素. 水土保持通报, 40(4): 237-243.

周艳寒. 2021. 耕地数量、质量、生态"三位一体"保护机制研究. 农业开发与装备, (10): 109-110.

周翼, 谢保鹏, 陈英, 等. 2018. 基于灯光数据的中国县域城镇建设用地产出效率时空演变特征. 地球信息科学学报, 20(12): 1733-1744.

朱繁, 王庆宾. 2018. 省域内补充耕地指标调剂机制分析. 中国土地, (3): 44-46.

祖健, 郝晋珉, 陈丽, 等. 2018. 耕地数量、质量、生态三位一体保护内涵及路径探析. 中国农业大学学报, 23(7): 84-95.

Bai Y, Wong C P, Jiang B, et al. 2018. Developing China's Ecological Redline Policy using ecosystem services assessments for land use planning. Nature communications, 9(1): 3034.

Bouma J. 2002. Land quality indicators of sustainable land management across scales. Agriculture Ecosystems & Environment, 88(2): 129-136.

Costanza R, d'Arge R, de Groot R, et al. 1997. The value of the world's ecosystem services and natural capital. Nature, 387: 253-260.

Daily G C, Söderqvist T, Aniyar S, et al. 2000. The value of nature and the nature of value. Science, 289(5478): 395-396.

Fischer G, Nachtergaele FO, Prieler S, et al. 2012. Global Agro-ecological Zones (GAEZ): Model Documentation: 1-179.

Foley J A, Ramankutty N, Brauman K A, et al. 2011. Solutions for a cultivated planet. Nature, 478(7369): 337-342.

Fritz S, See L, McCallum I, et al. 2015. Mapping global cropland and field size. Global Change Biology, 21(5): 1980-1992.

Gao X, Wu K, Yun W, et al. 2015. Analysis on county based reserved resource for cultivated land and quality-quantity requisition-compensation balance in planning period. Transactions of the Chinese Society of Agricultural Engineering, 31(12): 213-219.

Geist H J, Lambin E F. 2004. Dynamic causal patterns of desertification. BioScience, 54(9): 817-829.

Han B, Jin X, Jin J, et al. 2023. Monitoring and classifying cropland productivity degradation to support implementing land degradation neutrality: the case of China. Environmental Impact Assessment Review, 99: 107000.

He C, Liu Z, Tian J, et al. 2014. Urban expansion dynamics and natural habitat loss in China: a multiscale landscape perspective. Global Change Biology, 20(9): 2886-2902.

Herrmann L, Stahr K, Jahn R. 1999. The importance of source region identification and their properties for soil-derived dust: the case of Harmattan dust sources for eastern West Africa. Contributions to Atmospheric Physics, 72(2): 141-150.

Heerink N, Qu F, Kuiper M, et al. 2007. Policy reforms, rice production and sustainable land use in China: a macro-micro analysis. Agricultural Systems, 94: 784-800.

Kang L, Zhao R, Wu K, et al. 2021. Impacts of farming layer constructions on cultivated land quality under the cultivated land balance policy. Agronomy, 11(12): 2403.

Ke X L, van Vliet J, Zhou T, et al. 2018. Direct and indirect loss of natural habitat due to built-up area expansion: a model-based analysis for the city of Wuhan, China. Land Use Policy, 74: 231-239.

Ke X, Qi L, Zeng C. 2016. A partitioned and asynchronous cellular automata model for urban growth simulation. International Journal of Geographical Information Science, 30(4): 637-659.

Ke X, Wang L, Ma Y, et al. 2019. Impacts of strict cropland protection on water yield: A case study of Wuhan, China. Sustainability, 11(1): 184.

Kong X. 2014. China must protect high-quality arable land. Nature, 506(7486): 7.

Li W, Wang D, Liu S, et al. 2020. Reclamation of cultivated land reserves in Northeast China: indigenous ecological insecurity underlying national food security. International Journal of Environmental Research and Public Health, 17(4): 1211.

Lichtenberg E, Ding C. 2008. Assessing farmland protection policy in China. Land Use Policy, 25(1): 59-68.

Lin L, Jia H L, P Y, et al. 2017. Exploring the patterns and mechanisms of reclaimed arable land utilization under the requisition-compensation balance policy in Wenzhou, China. Sustainability, 10(1): 75.

Liu J, Ning J, Kuang W, et al. 2018. Spatio-temporal patterns and characteristics of land-use change in China during 2010−2015. Journal of Geographical Sciences, 28(5): 547-562.

Liu X, Li X. 2023. The influence of agricultural production mechanization on grain production capacity and efficiency. Processes, 11(2): 487.

Liu L, Liu Z J, Gong J Z, et al. 2019. Quantifying the amount, heterogeneity, and pattern of farmland: implications for China's requisition-compensation balance of farmland policy. Land Use Policy, 81: 265-266.

McDonald R I, Kareiva P, Forman R T. 2008. The implications of current and future urbanization for global protected areas and biodiversity conservation. Biological Conservation, 141(6): 1695-1703.

Ouyang W, Song K, Wang X, et al. 2014. Non-point source pollution dynamics under long-term agricultural development and relationship with landscape dynamics. Ecological Indicators, 45: 579-589.

Panagos P, Borrelli P, Meusburger K, et al. 2015. Estimating the soil erosion cover-management factor at the European scale. Land Use Policy, 48: 38-50.

Phalan B, Onial M, Balmford A, et al. 2011. Reconciling food production and biodiversity conservation: land sharing and land sparing compared. Science, 333(6047): 1289-1291.

Prăvălie R, Patriche C, Borrelli P, et al. 2021. Arable lands under the pressure of multiple land degradation processes. A global perspective. Environmental Research, 194: 110697.

Seto K C, Güneralp B, Hutyra L R. 2012. Global forecasts of urban expansion to 2030 and direct impacts on biodiversity and carbon pools. Proceedings of the National Academy of Sciences, 109(40): 16083-16088.

Shi Y, Duan W, Fleskens L, et al. 2020. Study on evaluation of regional cultivated land quality based on resource-asset-capital attributes and its spatial mechanism. Applied Geography, 125: 102284.

Song W, Deng X. 2017. Land-use/land-cover change and ecosystem service provision in China. The Science of the Total Environment, 576: 705-719.

Song W, Pijanowski B C. 2014. The effects of China's cultivated land balance program on potential land productivity at a national scale. Applied Geography, 46: 158-170.

Sun B, Luo Y, Yang D, et al. 2023. Coordinative management of soil resources and agricultural farmland environment for food security and sustainable development in China. International Journal of Environmental Research and Public Health, 20(4): 3233.

Sun B, Zhang L, Yang L, et al. 2012. Agricultural non-point source pollution in China: causes and mitigation measures. Ambio, 41(4): 370-379.

Tilman D, Cassman K G, Matson P A, et al. 2002. Agricultural sustainability and intensive production practices. Nature, 418(6898): 671-677.

Wang L, Zheng W, Tang L, et al. 2021. Spatial optimization of urban land and cropland based on land production capacity to balance cropland protection and ecological conservation. Journal of Environmental Management, 285: 112054.

Wang L, Zhou Y, Li Q, et al. 2021. Application of three deep machine-learning algorithms in a construction assessment model of farmland quality at the county scale: case study of Xiangzhou, Hubei Province, China. Agriculture, 11(1): 72.

Wang X, Lu C, Fang J, et al. 2007. Implications for development of grain-for-green policy based on cropland suitability evaluation in desertification-affected north China. Land Use Policy, 24: 417-424.

Wang X, Ma Y, Li H, et al. 2022. The effect of non-cognitive ability on farmer's ecological protection of farmland: evidence from major tea producing areas in China. International Journal of Environmental Research and Public Health, 19(13): 7598.

Whittaker R H, Likens G E. 1975. The biosphere and man//Lieth H, Whittaker R H(eds.). Primary Productivity of the Biosphere. Berlin, Heidelberg, New York: Springer-Verlag: 305-328.

Wierzbicki A P, Makowski M, Wessels J. 2000. Model-based decision support methodology with environmental applications. Kluwer Academic Publishers, DOI:10.1007/978-94-015-9552-0.

Wu Y, Shan L, Guo Z, et al. 2017. Cultivated land protection policies in China facing 2030: dynamic balance system versus basic farmland zoning. Habitat International, 69: 126-138.

Xia F, Yang Y, Zhang S, et al. 2022. Influencing factors of the supply-demand relationships of carbon sequestration and grain provision in China: does land use matter the most? The Science of the Total Environment, 832: 154979.

Zhang H, Zhang Y, Wu S, et al. 2020. The effect of labor migration on farmers' cultivated land quality protection. Sustainability, 12(7): 2953.

Zheng W, Ke X, Zhou T, et al. 2019. Trade-offs between cropland quality and ecosystem services of marginal compensated cropland–a case study in Wuhan, China. Ecological Indicators, 105: 613-620.

Zheng W, Li Si, Ke X, et al. 2022. The impacts of cropland balance policy on habitat quality in China: a multiscale administrative perspective. Journal of Environmental Management, 323: 116182.

第 3 章

耕地占补平衡对耕地数量和质量的影响

3.1 耕地占补平衡对耕地数量和质量影响评估的总体思路

本章旨在评估耕地占补平衡对耕地数量和质量的影响，包括历史阶段（2000～2020 年）及未来阶段（2020～2040 年）。具体而言，对于历史阶段（2000～2020 年）耕地占补平衡对耕地数量和质量影响评估，本章利用 2000～2020 年的土地利用数据和耕地生产潜力数据，分析全国尺度以及省级尺度（31 个省级行政单元，不含港澳台地区）耕地占补平衡作用下耕地数量、质量的变化。在耕地数量变化方面，采用 ArcGIS 空间分析工具分析了耕地占补平衡作用下耕地数量的净变化，并且分析耕地补充、耕地被占用的情况。在耕地质量变化方面，耕地生产潜力数据由 GAEZ 模型得到，将耕地生产潜力数据与耕地占补平衡影响下土地利用变化的数据叠加，即可得到耕地占补平衡对耕地质量的影响。对于未来阶段（2020～2040 年），分别设定 SPN、SPP，模拟不同耕地占补平衡情景下的土地利用变化，并按照上述思路开展耕地占补平衡对耕地数量和质量影响的预评估。

3.2 对耕地数量和质量影响评估的方法与数据

3.2.1 GAEZ 模型

本书采用全球农业生态区（global agro-ecological zones，GAEZ）模型计算

全国的耕地生产潜力数据来反映耕地质量。如图 3-1 所示，该模型是由联合国粮食及农业组织（Food and Agriculture Organization of the United Nations，FAO）及国际应用系统分析研究所（International Institute for Applied Systems Analysis，IIASA）等机构的支持下，为农业生态区项目制定的计算作物生产潜力的一种方法。GAEZ 模型在估算粮食生产潜力的过程中，综合考虑光、温、水、CO_2浓度、病虫害、农业气候、土壤、地形等多方面因素。模型首先根据气候条件估算种植某种作物的气候适宜性，计算气候生产潜力，然后对适宜种植的作物，采用逐级限制法来计算耕地生产潜力，即按照气候生产潜力（光照、温度和水分限制）—耕地生产潜力（光照、温度、水分和土壤限制）—粮食生产潜力（农业投入水平、经营管理方法等限制）的顺序逐步修正生产潜力。

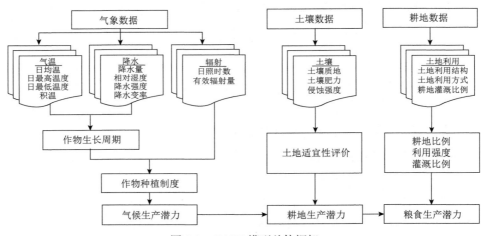

图 3-1　GAEZ 模型总体框架

3.2.2　LANDSCAPE

传统的元胞自动机（cellular automata，CA）模型使用统一的元胞转化规则与演化速率，即元胞空间内的每一个元胞均依照相同的转化规则和速率发生变化。这类元胞自动机在进行动态变化模拟时存在不足，一方面不能够体现地理现象分布的空间异质性，即未能反映出研究区域内不同子区域的不同演化规律；另一方面是用同一速率表征不同地理现象的演化速率与实际情况并不相符。分区异步元胞自动机（partition asynchronous cellular automata，PACA）模型能够弥补上述不足，反映不同地理现象的规则与演化速率，更加接近真实情况。

分区异步元胞自动机模型是在综合地理现象分布的空间异质性及演变速率

空间差异性的基础上提出的,能够反映土地利用演化规律及速率的空间异质性。该模型对研究区域内的整个元胞空间进行分区,每一个分区的元胞具有较一致的地理属性,在此基础上去建立相对一致的转换规则,各个元胞的演化速率使用异步的局部演化速率,可以在反映地理现象演变速率差异的基础上使用元胞自动机进行地理现象模拟,模拟结果将比传统的元胞自动机模型更加符合真实情况(柯新利和边馥苓,2010)。

　　图 3-2 反映了分区异步元胞自动机模型的原理:某一特定时段内研究区域的土地利用变化状况可以通过叠加该研究区域研究期初和研究期末的土地利用数据得到;元胞空间分区是在此基础上,结合空间聚类分析对研究区域内土地利用变化数据及其他能够对土地利用变化产生影响的数据进行空间聚类;元胞转换规则是对期末土地利用数据和影响土地利用变化的因素进行采样,结合上一步聚类分析结果输入决策树模块得到;元胞演化速率是在划分元胞空间时,考虑到区域演化速率具有差异性,速率网格相对均匀,在土地利用变化数据的基础上测算各速率网格的土地利用变化速率,然后将格网的元胞演化速率存入元胞演化速率向量;通过对研究区域土地利用变化进行模拟最终得到结果,对比该结果与期末土地利用数据,可检验模型的结果是否与实际相符,由此可得分区异步元胞自动机模型模拟的精度。模拟精度在设定阈值之内,说明可以使用分区异步元胞自动机模型模拟下一时间段内研究区域土地利用变化;如果精度不符合要求,需重复上述过程至获得符合精度要求的模型参数。

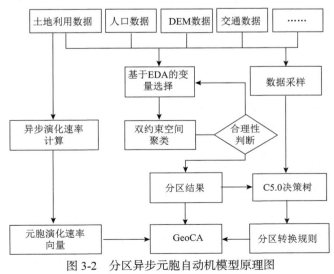

图 3-2　分区异步元胞自动机模型原理图

LANDSCAPE 即在分区异步元胞自动机模型的基础上发展起来的。LANDSCAPE 为反映不同土地利用类型的演化特性，将土地利用类型分为主动型和被动型两大地类。其中，主动型地类是指受人类活动直接影响而发生变化的地类，包括人类生产、生活直接需要的土地利用类型，其需求量和变化均与人类活动有密切联系，而被动型地类的变化不直接由人类需要决定（Ke et al.，2017；Ke et al.，2018）。

在使用 LANDSCAPE 模拟土地利用变化时，主动型地类有两种变化方向：向外扩张或者向内收缩。依据其活跃程度的不同，主动型地类通常具有不同的演化次序。即最活跃的主动型地类首先开始演化，然后是次活跃的地类演化，依此类推，直至所有主动型地类的演化进行完毕。由于人类活动可以直接驱动主动型地类的变化，因而主动型地类具有较强的侵占能力。另外，同样作为主动型地类，活跃程度有差别。本书研究中涉及跨省域耕地占补平衡及省域内耕地占补平衡政策，在保证耕地生产力总量不下降的前提下，通过优化建设用地扩张所占用的耕地位置和为了满足耕地占补平衡政策所补充的耕地的空间位置，尽可能地减少林地、湿地、草地等生态用地的损失。因此在建设用地的扩张过程中，应尽量避免高生产力的耕地被侵占；而在耕地补充过程中，具有高生产力的土地应优先转变为耕地。

3.2.3　数据来源

土地利用模拟数据集主要包括：土地利用数据、行政边界数据、耕地生产潜力、气象数据、地形数据、土壤数据、交通数据、2040 年城市建设用地需求量（表 3-1）。本书的研究数据覆盖范围为中国（不含港澳台地区）。

土地利用数据包括 2000 年、2010 年、2020 年三期，分辨率为 1 千米，来源于中国科学院资源环境科学与数据中心的全国土地利用数据库。该数据集是以 Landsat TM/ETM 遥感影像为主要数据源，通过人工目视解译生成。通过野外调查实地验证，土地利用一级类型综合评价精度达到 94.3%以上。所有数据的土地利用分类为二级（包括一级地类 6 类和二级地类 25 类）。根据研究需要，本书将所有地类合并为一级地类，得到 8 类用地类型：耕地（水田、旱地等），林地（有林地、灌木林、疏林地及其他林地等），草地（灌丛草地、稀疏草地等），河流（天然形成或人工开挖的河流及主干渠常年水位以下的土地等），湿地（湖泊、水库坑塘、滩涂、滩地等），城市建设用地（大、中、小城市及县镇以上建成区用地、其他建设用地等），农村建设用地（农村居民住宅用地、农村公共设施用地等），未利用地（沙地、戈壁、盐碱地、裸土地、裸岩石砾地等）。

行政边界数据包括全国尺度、省级尺度两个尺度，数据来源于中国科学院资源环境科学与数据中心。

耕地生产潜力考虑了小麦、玉米、水稻、大豆和甘薯 5 种作物的粮食综合生产潜力，分辨率为 1 千米，数据来源于中国科学院资源环境科学与数据中心。

气象数据包括降水量、积温和空气湿度数据，是基于中国气象局的 760 多个气象观测站点的 2000～2020 年数据，在考虑地形高程差异的条件下使用克里金法进行空间插值，获得全国 1 千米分辨率的空间格网数据。

地形数据包括数字高程模型（digital elevation model，DEM）和坡度，分辨率为 1 千米，数据来源于美国奋进号航天飞机雷达地形测绘任务（shuttle radar topography mission，SRTM）。

土壤数据为 1∶100 万土壤数据集，包括土壤类型、土壤 pH、耕层厚度、土壤有机质等属性，分辨率为 1 千米，数据来源于世界土壤数据库（Harmonized World Soil Database，HWSD）。

交通数据包括全国各类交通用地数据，采用 ArcGIS 中欧几里得距离（Euclidean distance）工具对原始交通数据进行栅格运算，分别得到距铁路、高速公路、国道、省道、县道、城市主干道、城市次干道及其他道路的栅格距离，用以计算位置可达性，数据来源于中国科学院资源环境科学与数据中心。

此外还包括 2040 年城市建设用地需求量，该数据由基于元胞自动机模型的土地利用变化模拟软件——LANDSCAPE 模拟获得。

表 3-1 土地利用变化模拟数据集

数据名称	数据描述	数据年份	数据类型	数据来源
土地利用数据	包含一级地类 6 类和二级地类 25 类	2000、2010、2020	1 千米栅格	中国科学院资源环境科学与数据中心
行政边界数据	全国尺度、省级尺度	2020	矢量	中国科学院资源环境科学与数据中心
耕地生产潜力	考虑了小麦、玉米、水稻、大豆和甘薯 5 种作物的粮食综合生产潜力	2000、2010、2020	1 千米栅格	中国科学院资源环境科学与数据中心

数据名称	数据描述	数据年份	数据类型	数据来源
气象数据	降水量、积温、空气湿度	2000~2020	点数据	中国气象局
地形数据	高程、坡度	2000	1千米栅格	SRTM
土壤数据	土壤类型、土壤pH、耕层厚度、土壤有机质等	2009	1千米栅格	世界土壤数据库
交通数据	铁路、高速公路、国道、省道、县道、城市主干道、城市次干道、其他道路	2015	矢量	中国科学院资源环境科学与数据中心
2040年城市建设用地需求量	2040年城市建设用地数量	2040	—	—

3.3　耕地占补平衡对耕地数量和质量的历史影响

3.3.1　耕地占补平衡对耕地数量的历史影响

2000年、2010年、2020年，全国耕地总量分别为 178.81×10⁴ 平方千米、177.86×10⁴ 平方千米、175.16×10⁴ 平方千米。如图 3-3 所示，在 2000~2020 年，我国耕地总量一直呈现下降态势。

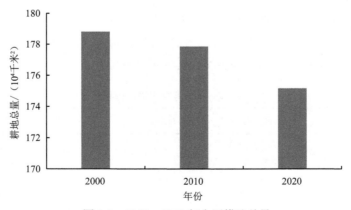

图 3-3　2000~2020 年全国耕地总量

2000~2010 年补充耕地总量为 44.33×10⁴ 平方千米，2010~2020 年补充耕地总量为 43.07×10⁴ 平方千米。从补充耕地来源来看，2000~2010 年，我国耕地补充来源主要是林地,其占耕地补充总量接近 50%,其次是草地,而未利用地仅占很小的比例(图 3-4)。2010~2020 年,林地补充耕地的比例有所上升,而草地补充耕地的比例略微下降。

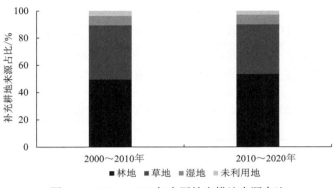

图 3-4　2000~2020 年全国补充耕地来源占比

随着我国城市化进程的提速,城市化与耕地保护的矛盾进一步凸显。2000~2010 年流失耕地总量为 12.23×10⁴ 平方千米,2010~2020 年流失耕地总量为 12.75×10⁴ 平方千米。从耕地流失去处来看,2000~2010 年,我国耕地流失主要去处是农村建设用地,其占比超过 80%,同时,城市建设用地也是该阶段耕地流失的重要去处(图 3-5)。2010~2020 年,农村建设用地仍是耕地流失的最主要去处,且比例逐渐增大,已超过该时期耕地流失总量的 86%。

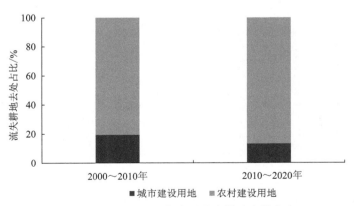

图 3-5　2000~2020 年全国流失耕地去处占比

在 2000~2010 年、2010~2020 年两个时间段内,我国耕地总量均为负增长。2000~2010 年,我国耕地面积共减少 9560 平方千米。从流失耕地来看(表

3-2），河南、河北、江苏和山东 4 省因建设用地开发流失的耕地数量均超过了
10 000 平方千米，安徽、辽宁、黑龙江 3 省被建设用地占用的耕地数量在 5000～
10 000 平方千米，其他省份因为建设用地开发，耕地均有所流失。从补充耕地
数量来看，所有省份均有补充耕地，但省份间数量差异比较大。内蒙古和新疆
新增的补充耕地的数量均超过了 30 000 平方千米，甘肃、贵州、黑龙江、湖南、
四川、云南和陕西的补充耕地数量位于 20 000～30 000 平方千米，北京、上海、
天津的补充耕地数量较少，均不到 1000 平方千米。

表 3-2　2000～2010 年我国省级耕地占补平衡对耕地数量的影响

（单位：千米²）

省（自治区、直辖市）	耕地占用去处		耕地补充来源			
	城市建设用地	农村建设用地	林地	草地	湿地	未利用地
北京	1 006	661	385	134	165	0
天津	316	803	104	83	371	21
河北	1 718	9 248	2 867	6 542	1 398	421
山西	737	3 496	4 859	12 264	514	51
内蒙古	322	3 685	6 803	29 326	2 700	2 443
辽宁	614	5 010	9 467	2 226	1 104	30
吉林	403	3 839	8 407	2 129	1 240	1 248
黑龙江	496	4 685	13 031	5 337	8 110	670
上海	258	726	24	1	62	0
江苏	3 971	7 802	841	202	1 275	1
浙江	1 145	2 560	5 986	226	320	3
安徽	919	8 690	4 417	942	1 221	0
福建	419	1 306	7 810	1 820	138	7
江西	445	1 818	14 128	1 323	1 045	8
山东	4 038	11 644	2 518	5 518	1 501	898
河南	1 394	10 988	2 615	2 512	892	34
湖北	704	3 273	12 136	769	2 191	14
湖南	531	1 518	20 927	986	1 067	4
广东	1 302	2 885	10 402	1 261	1 244	30

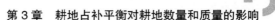

续表

省（自治区、直辖市）	耕地占用去处		耕地补充来源			
	城市建设用地	农村建设用地	林地	草地	湿地	未利用地
广西	207	2 068	14 569	2 439	383	4
海南	60	253	2 696	131	127	36
重庆	350	441	7 531	3 487	132	8
四川	720	1 905	18 983	7 404	612	28
贵州	101	217	18 522	7 050	58	3
云南	389	1 206	16 909	10 686	350	32
西藏	26	19	1 492	4 249	131	166
陕西	299	2 270	5 033	20 291	304	331
甘肃	153	2 074	2 181	20 951	382	2 245
青海	31	307	275	2 518	74	170
宁夏	131	703	347	4 382	254	364
新疆	451	1 983	2 737	19 336	883	7 120

2010～2020 年，我国耕地面积共减少 26 927 平方千米，相较 2000～2010 年有较大幅度的增加。如表 3-3 所示，从流失耕地来看，河南、河北、江苏、安徽和山东 5 省因建设用地开发流失的耕地数量均超过了 10 000 平方千米，内蒙古、辽宁、黑龙江 3 省因城市和农村建设，被占用耕地数量在 5000～10 000 平方千米，其他省份因为建设用地开发，耕地均有所流失。从补充耕地数量来看，所有省份均有补充耕地，但省份间数量差异比较大。内蒙古和云南新增的补充耕地的数量均超过了 30 000 平方千米，甘肃、贵州、黑龙江、湖南、四川、陕西和新疆的补充耕地数量位于 20 000～30 000 平方千米，北京、上海、天津的补充耕地数量较少，均不到 1000 平方千米。

总体而言，2000～2020 年我国一直处于耕地负增长状态，建设用地开发较快的地区主要集中在河南、河北、山东等中东部省份。这些地区快速城市化，导致城市用地快速扩张，城镇周边大量耕地资源被占用。

表 3-3 2010～2020 年我国省级耕地占补平衡对耕地数量的影响

（单位：千米²）

省（自治区、直辖市）	耕地占用去处		耕地补充来源			
	城市建设用地	农村建设用地	林地	草地	湿地	未利用地
北京	43	773	292	106	53	1
天津	198	1 106	44	17	145	0
河北	1 085	10 171	3 832	6 143	726	95
山西	589	3 408	5 273	11 645	434	20
内蒙古	433	4 652	8 316	24 201	4 201	1 859
辽宁	550	5 382	10 128	1 378	1 233	78
吉林	680	4 226	9 683	1 750	1 333	1 605
黑龙江	362	4 791	11 410	6 908	7 520	794
上海	149	654	26	1	64	0
江苏	1 916	8 261	840	129	1 902	58
浙江	869	2 571	6 283	235	351	4
安徽	1 240	9 192	4 838	1 136	1 410	0
福建	275	1 213	8 267	2 238	140	9
江西	453	2 052	14 698	1 389	971	3
山东	1 932	12 141	1 860	2 423	1 378	121
河南	1 303	12 674	2 568	2 306	589	2
湖北	445	4 155	12 171	686	2 959	12
湖南	359	1 883	21 641	965	1 049	12
广东	622	3 209	11 820	1 158	996	32
广西	357	2 675	15 687	2 422	381	5
海南	73	389	2 760	129	158	10
重庆	338	940	7 978	2 590	102	8
四川	493	2 627	18 900	6 846	675	31
贵州	248	765	19 267	6 238	99	6
云南	509	1 560	19 860	10 381	334	27
西藏	49	69	1 279	1 584	171	125
陕西	231	2 528	5 377	20 004	265	414
甘肃	263	2 292	2 528	20 614	338	1 650

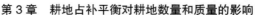

续表

省（自治区、直辖市）	耕地占用去处		耕地补充来源			
	城市建设用地	农村建设用地	林地	草地	湿地	未利用地
青海	39	352	268	2 318	83	135
宁夏	96	760	354	4 216	254	356
新疆	597	2 559	1 476	15 097	684	4 373

3.3.2　耕地占补平衡对耕地质量的历史影响

耕地平均生产潜力可以反映一个地区耕地质量的优劣状况，同时也可以代表一个地区的耕地生产潜力可持续发展水平。本书中耕地平均生产潜力由耕地生产潜力总量除以耕地数量获得。从全国整体水平来看（图 3-6），2000 年、2010 年和 2020 年 3 个年份的全国耕地粮食平均生产潜力依次为 7094.14 千克/公顷、6959.17 千克/公顷、6914.06 千克/公顷，基本稳定在 7000 千克/公顷左右。其变化趋势与耕地总量变化一致，在 2000～2020 年一直呈下降态势。

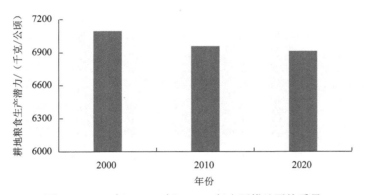

图 3-6　2000 年、2010 年、2020 年全国耕地平均质量

从不同地类对耕地的"占补"情况来看（图 3-7 和图 3-8），建设用地与湿地占用和补充的耕地平均质量较高，林地、草地、未利用地次之。2000～2010 年，草地"占"的耕地和"补"的耕地的平均质量几乎平衡，仅相差 5.55 千克/公顷。林地、湿地、城市建设用地、农村建设用地占用耕地的平均质量比补充耕地的平均质量略低，其中农村建设用地占用耕地的平均质量比补充耕地的平均质量低 49.74 千克/公顷。2010～2020 年，林地"占"的耕地和"补"

的耕地的平均质量几乎平衡，仅相差 8.02 千克/公顷，城市建设用地、农村建设用地和未利用地占用耕地的平均质量比补充耕地的平均质量略低，草地和湿地占用耕地的平均质量比补充耕地的平均质量略高，其中湿地占用耕地的平均质量比补充耕地的平均质量高 105.83 千克/公顷。

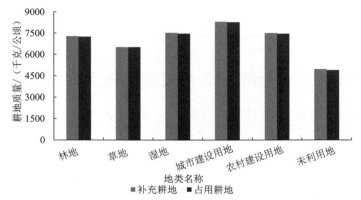

图 3-7　2000～2010 年全国其他地类占用和补充耕地的生产潜力情况

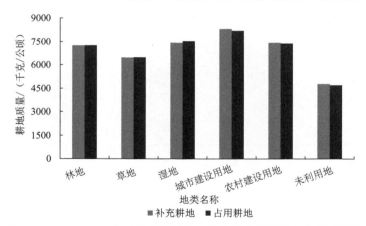

图 3-8　2010～2020 年全国其他地类占用和补充耕地的生产潜力情况

从各省的耕地平均质量变化的时空分布来看（表 3-4），各个省（自治区、直辖市）各有特点。2000～2010 年，我国 25 个省（自治区、直辖市）耕地平均质量退化，6 个省（自治区、直辖市）耕地平均质量提升。其中，我国耕地平均质量高提升的有黑龙江和内蒙古（耕地质量净变化>1×10⁷ 千克/公顷），新疆、西藏、吉林位于中提升区（5×10⁵ 千克/公顷<耕地质量净变化≤1×10⁷ 千克/公顷），海南属于耕地平均质量低提升区(0 千克/公顷<耕地质量净变化≤5×10⁵ 千克/公顷)。

耕地平均质量高退化的区域（耕地质量净变化≤-1×10^7千克/公顷）主要集中在东部的河北、东北的辽宁、中部的安徽和湖北以及湖南、西部的甘肃和四川等地，江苏的耕地质量退化最严重，除此之外其他省份的耕地平均质量均出现不同程度的退化。2010～2020 年，我国有 28 个省（自治区、直辖市）耕地平均质量退化，3 个省（自治区、直辖市）耕地平均质量提升。耕地平均质量高退化的区域（耕地质量净变化≤-1×10^7千克/公顷）有减少，但河南、湖北、四川等的耕地退化程度都有增加，而耕地平均质量中退化的区域（-1×10^7千克/公顷＜耕地质量净变化≤-5×10^5千克/公顷）明显增加，遍布我国各地区。内蒙古、海南和西藏从耕地质量提升变为耕地质量退化。

表 3-4　2000～2020 年我国省级耕地质量变化　（单位：千克/公顷）

省（自治区、直辖市）	2000～2010 年耕地质量净变化	2010～2020 年耕地质量净变化
北京	–9 146 845	–789 006
天津	–952 386	–7 476 920
河北	–27 582 343	–21 353 007
山西	–16 462 340	–2 815 051
内蒙古	10 619 944	–13 952 613
辽宁	–22 712 291	–9 617 974
吉林	893 971	5 028 942
黑龙江	14 043 489	5 587 595
上海	–6 618 465	–4 228 663
江苏	–55 906 331	–14 746 984
浙江	–19 867 815	–11 075 588
安徽	–20 139 582	–17 916 132
福建	–10 087 380	–2 692 418
江西	–3 341 294	–4 682 065
山东	–8 350 325	–141 97 632
河南	–21 220 259	–30 081 044
湖北	–29 145 673	–31 973 975
湖南	–20 216 589	–4 119 142

续表

省（自治区、直辖市）	2000~2010 年耕地质量净变化	2010~2020 年耕地质量净变化
广东	−13 292 093	−11 849 284
广西	−1 238 873	−11 255 696
海南	255 322	−1 796 007
重庆	−3 821 108	−6 939 764
四川	−13 319 996	−16 211 990
贵州	−92 445	−9 699 266
云南	−1 119 845	−7 765 789
西藏	4 618 991	−369 236
陕西	−21 949 847	−11 738 150
甘肃	−13 445 710	−6 746 538
青海	−165 267	−434 443
宁夏	−922 990	−1 147 083
新疆	4 309 328	1 184 454

3.4 未来耕地占补平衡对耕地数量和质量的影响

3.4.1 未来土地利用的情景模拟

为揭示 2020~2040 年不同耕地占补平衡情景下的土地利用时空演变格局，本书利用 LANDSCAPE（Ke et al.，2017；Ke et al.，2018）在 SPP、SPN 下对未来土地利用的时空演变格局进行了模拟。2020~2040 年全国及各省土地利用时空演变规律如下。

3.4.1.1 SPP 下土地利用状况

如图 3-9 所示，SPP 下我国的土地利用类型数量居首位的是草地，达到 269.19×10⁴ 平方千米，占所有土地利用类型面积的比例为 28.72%；其次为林地、未利用地、耕地、湿地、农村建设用地、城市建设用地、河流，面积分别为 220.89×10⁴ 平方千米、217.57×10⁴ 平方千米、175.91×10⁴ 平方千米、23.05×10⁴ 平方千米、18.70×10⁴ 平方千米、7.89×10⁴ 平方千米、4.25×10⁴ 平方千米，各占所有土地利用类型总面积的 23.56%、23.21%、18.76%、2.46%、1.99%、0.84%、0.45%。

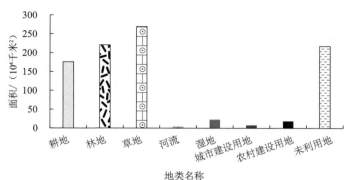

图 3-9　SPP 下各土地利用类型的数量

在 SPP 下，2040 年土地利用情景模拟结果如图 3-10 所示，2020~2040 年，土地利用主要表现为由耕地、林地、草地、城市建设用地、湿地、河流、未利用地转为农村建设用地，总共转入 150 920 平方千米。其中耕地转入量最大，达到 103 767 平方千米，占各地类转为农村建设用地总量的 68.76%；其次是林地，达到 19 691 平方千米，占各地类转为农村建设用地总量的 13.05%；草地、城市建设用地、湿地、河流、未利用地转入量较小，分别为 13 403 平方千米、4961 平方千米、4837 平方千米、2153 平方千米、2108 平方千米，占各地类转为农村建设用地总量的 8.88%、3.29%、3.21%、1.43%和 1.40%。

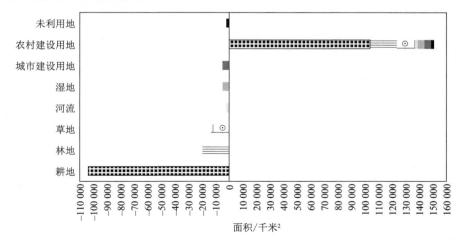

图 3-10　SPP 下全国土地利用类型变化

如表 3-5 所示，到 2040 年，在 SPP 下，各省（自治区、直辖市）土地利用类型差异较大。其中，耕地面积占各省（自治区、直辖市）面积比例最大的两个是山东和江苏，面积分别达到 10.08×10^4 平方千米（66.64%）、6.18×10^4 平方千米（62.59%）；林地面积占各省（自治区、直辖市）面积比例最大的两个是浙江和海南，面积分别达到 6.41×10^4 平方千米（65.16%）、2.08×10^4 平方千米（64.04%）；草地面积占各省（自治区、直辖市）面积比例最大的两个是青海和西藏，面积分别达到 39.17×10^4 平方千米（56.61%）、55.40×10^4 平方千米（46.28%）；河流面积占各省（自治区、直辖市）面积比例最大的两个是天津和上海，面积分别达到 303 平方千米（2.63%）、80 平方千米（1.60%）；湿地面积占各省（自治区、直辖市）面积比例最大的两个是江苏和天津，面积分别达到 1.03×10^4 平方千米（10.42%）、1066 平方千米（9.27%）；城市建设用地占各省（自治区、直辖市）面积比例最大的两个是上海和天津，面积分别达到 2052 平方千米（40.92%）、1253 平方千米（10.89%）；农村建设用地占各省（自治区、直辖市）面积比例最大的两个是天津和上海，面积分别达到 1854 平方千米（16.12%）、666 平方千米（13.28%）；未利用地占各省（自治区、直辖市）面积比例最大的两个是新疆和甘肃，面积分别达到 98.54×10^4 平方千米（60.67%）、16.83×10^4 平方千米（39.84%）。

表 3-5　SPP 下我国 31 个省（自治区、直辖市）土地利用类型比例

（单位：%）

省（自治区、直辖市）	耕地	林地	草地	河流	湿地	城市建设用地	农村建设用地	未利用地	总计
北京	22.37	44.90	7.30	0.71	2.00	10.15	12.49	0.09	100
天津	52.75	3.36	2.58	2.63	9.27	10.89	16.12	2.39	100
河北	48.22	20.02	17.62	0.72	1.44	2.51	8.78	0.69	100
山西	37.18	27.63	28.38	0.43	0.64	1.60	4.05	0.08	100
内蒙古	9.78	14.42	45.95	0.21	1.03	0.19	1.16	27.26	100
辽宁	42.22	41.88	3.56	0.82	2.21	1.98	6.39	0.94	100
吉林	40.32	43.43	3.77	0.55	1.60	1.13	3.15	6.05	100
黑龙江	38.43	42.47	5.03	0.49	1.85	0.68	1.80	9.24	100
上海	40.04	0.82	0.70	1.60	2.63	40.92	13.28	0.02	100
江苏	62.59	2.84	0.57	1.52	10.42	9.29	12.66	0.10	100

续表

省（自治区、直辖市）	耕地	林地	草地	河流	湿地	城市建设用地	农村建设用地	未利用地	总计
浙江	22.35	65.16	2.22	0.74	1.48	3.35	4.68	0.04	100
安徽	55.56	22.85	5.76	0.99	4.10	1.93	8.78	0.02	100
福建	16.56	63.61	14.95	0.45	0.48	1.17	2.71	0.07	100
江西	26.62	61.09	4.32	0.97	3.32	0.83	2.53	0.32	100
山东	66.64	5.65	5.44	0.76	3.35	6.49	11.41	0.25	100
河南	61.73	16.88	5.52	1.22	1.27	3.12	10.25	0.01	100
湖北	36.02	49.37	3.97	1.44	4.69	0.95	3.34	0.22	100
湖南	28.11	61.92	3.31	1.21	2.18	0.96	1.86	0.46	100
广东	23.30	61.54	4.25	1.14	2.33	3.41	4.00	0.04	100
广西	24.02	63.09	8.67	0.68	0.85	0.63	2.04	0.01	100
海南	25.10	64.04	3.50	0.46	3.00	1.04	2.70	0.17	100
重庆	46.00	40.23	9.11	1.20	0.40	1.25	1.78	0.01	100
四川	24.41	34.86	34.82	0.43	0.54	0.45	0.88	3.62	100
贵州	27.44	52.75	17.74	0.24	0.42	0.46	0.93	0.02	100
云南	17.67	57.26	22.40	0.21	0.78	0.46	0.84	0.39	100
西藏	0.62	13.57	46.28	0.49	6.08	0.04	0.03	32.90	100
陕西	32.40	23.83	38.15	0.24	0.47	0.53	2.09	2.28	100
甘肃	15.14	9.03	33.76	0.14	0.77	0.24	1.09	39.84	100
青海	1.23	4.06	56.61	0.16	4.52	0.05	0.19	33.17	100
宁夏	33.70	5.30	44.96	0.32	1.74	0.83	3.75	9.41	100
新疆	5.51	1.68	29.48	0.15	1.92	0.18	0.40	60.67	100

　　总体而言，在 SPP 下我国东部、中部、西部、东北地区的土地利用类型分布规律如下：东部地区以耕地和林地类型为主，面积分别达到 35.30×10⁴ 平方千米（39.74%）和 32.20×10⁴ 平方千米（36.25%）；中部地区也以林地和耕地类型为主，面积分别达到 42.53×10⁴ 平方千米（41.66%）和 40.69×10⁴ 平方千米（39.86%）；西部地区以草地和未利用地类型为主，面积分别达到 249.99×10⁴ 平方千米（37.47%）和 211.47×10⁴ 平方千米（31.69%）；东北地区以林地和耕地类型为主，面积分别达到 33.09×10⁴ 平方千米（42.60%）和 30.75×10⁴ 平方千米（39.58%）。

3.4.1.2 SPN 下土地利用状况

如图 3-11 所示，SPN 下我国的土地利用类型数量居首位的是草地，达到 269.17×10⁴ 平方千米，占所有土地利用类型面积比例的 28.71%；其次为林地、未利用地、耕地、湿地、农村建设用地、城市建设用地、河流，面积分别为 220.81×10⁴ 平方千米、217.54×10⁴ 平方千米、175.95×10⁴ 平方千米、23.14×10⁴ 平方千米、18.70×10⁴ 平方千米、7.89×10⁴ 平方千米、4.25×10⁴ 平方千米，各占所有土地利用类型总面积的 23.55%、23.21%、18.77%、2.47%、1.99%、0.84%、0.45%。

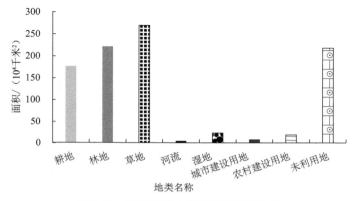

图 3-11　SPN 下各土地利用类型的数量

在 SPN 下，2040 年土地利用情景模拟结果如图 3-12 所示，2020～2040 年土地利用变化主要表现为以下两种情况：①转入为农村建设用地，在全国尺度严格的耕地占补平衡情景下，总共有 150 920 平方千米的其他地类转变为农村建设用地，其中，耕地居于首位，有 103 767 平方千米的耕地转变为农村建设用地，其次是林地、草地、城市建设用地、湿地、河流、未利用地，分别为 19 691 平方千米、13 403 平方千米、4961 平方千米、4837 平方千米、2153 平方千米、2108 平方千米；②转入为耕地，此种情景下，耕地保护力度加大，耕地占补平衡措施严格落实到位，新增了 649 055 平方千米的耕地数量，其中，新增转入耕地的首要来源是林地，有 296 333 平方千米，其次是草地、农村建设用地、湿地、城市建设用地、河流、未利用地，分别为 166 653 平方千米、105 009 平方千米、42 321 平方千米、14 827 平方千米、12 674 平方千米、11 238 平方千米。

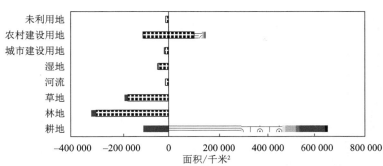

图 3-12　SPN 下全国土地利用类型变化

如表 3-6 所示,在 SPN 下 31 个省(自治区、直辖市)的土地利用类型差异较大。其中,耕地面积占各省(自治区、直辖市)面积比例最大的两个是山东和江苏,面积分别达到 10.02×10⁴ 平方千米(66.20%)、6.12×10⁴ 平方千米(61.90%);林地面积占各省(自治区、直辖市)面积比例最大的两个是浙江和海南,面积分别达到 6.42×10⁴ 平方千米(65.24%)、2.08×10⁴ 平方千米(64.04%);草地面积占各省(自治区、直辖市)面积比例最大的两个是青海和西藏,面积分别达到 39.17×10⁴ 平方千米(56.61%)、55.40×10⁴ 平方千米(46.28%);河流面积占各省(自治区、直辖市)面积比例最大的两个是天津和上海,面积分别达到 303 平方千米(2.63%)、80 平方千米(1.60%);湿地面积占各省(自治区、直辖市)面积比例最大的两个是江苏和天津,面积分别达到 1.08×10⁴ 平方千米(10.92%)、1104 平方千米(9.60%);城市建设用地面积占各省(自治区、直辖市)面积比例最大的两个是上海和天津,面积分别达到 2052 平方千米(40.92%)、1253 平方千米(10.89%);农村建设用地面积占各省(自治区、直辖市)面积比例最大的两个是天津和上海,面积分别达到 1854 平方千米(16.12%)、666 平方千米(13.28%);未利用地占各省(自治区、直辖市)面积比例最大的两个是新疆和甘肃,面积分别达到 98.54×10⁴ 平方千米(60.67%)、16.83×10⁴ 平方千米(39.84%)。

表 3-6　SPN 下我国 31 个省(自治区、直辖市)土地利用类型比例

(单位:%)

省(自治区、 直辖市)	耕地	林地	草地	河流	湿地	城市建 设用地	农村建 设用地	未利 用地	总计
北京	22.23	44.96	7.33	0.71	2.05	10.15	12.49	0.09	100

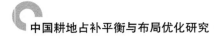
续表

省（自治区、直辖市）	耕地	林地	草地	河流	湿地	城市建设用地	农村建设用地	未利用地	总计
天津	52.34	3.43	2.58	2.63	9.60	10.89	16.12	2.40	100
河北	47.99	20.08	17.72	0.72	1.50	2.51	8.78	0.70	100
山西	37.12	27.65	28.42	0.43	0.65	1.60	4.05	0.08	100
内蒙古	9.79	14.42	45.95	0.21	1.03	0.19	1.16	27.26	100
辽宁	42.15	41.92	3.57	0.82	2.22	1.98	6.39	0.95	100
吉林	40.40	43.30	3.75	0.55	1.59	1.13	3.15	6.04	100
黑龙江	38.71	42.36	4.95	0.49	1.83	0.68	1.80	9.17	100
上海	39.60	1.02	0.76	1.60	2.81	40.92	13.28	0.02	100
江苏	61.90	3.01	0.59	1.52	10.92	9.29	12.66	0.10	100
浙江	22.19	65.24	2.22	0.74	1.54	3.35	4.68	0.04	100
安徽	55.54	22.86	5.77	0.99	4.12	1.93	8.78	0.02	100
福建	16.51	63.63	14.96	0.45	0.49	1.17	2.71	0.07	100
江西	26.58	61.11	4.33	0.97	3.33	0.83	2.53	0.32	100
山东	66.20	5.75	5.55	0.76	3.57	6.49	11.41	0.27	100
河南	61.61	16.91	5.57	1.22	1.32	3.12	10.25	0.01	100
湖北	36.10	49.34	3.97	1.44	4.64	0.95	3.34	0.22	100
湖南	28.11	61.92	3.31	1.21	2.18	0.96	1.86	0.45	100
广东	23.13	61.65	4.27	1.14	2.36	3.41	4.00	0.04	100
广西	24.08	63.06	8.65	0.68	0.85	0.63	2.04	0.01	100
海南	25.10	64.04	3.50	0.46	3.00	1.04	2.70	0.17	100
重庆	46.18	40.10	9.08	1.21	0.38	1.25	1.78	0.01	100
四川	24.67	34.66	34.78	0.43	0.51	0.45	0.88	3.62	100
贵州	27.43	52.75	17.74	0.24	0.42	0.46	0.93	0.02	100
云南	17.66	57.27	22.41	0.21	0.78	0.46	0.84	0.39	100
西藏	0.62	13.57	46.28	0.49	6.08	0.04	0.03	32.90	100
陕西	32.41	23.83	38.14	0.24	0.47	0.53	2.09	2.28	100
甘肃	15.14	9.03	33.75	0.14	0.77	0.24	1.09	39.84	100
青海	1.23	4.06	56.61	0.16	4.52	0.05	0.19	33.17	100
宁夏	33.69	5.30	44.96	0.32	1.74	0.83	3.75	9.41	100
新疆	5.51	1.68	29.48	0.15	1.92	0.18	0.40	60.67	100

　　总体而言，在 SPN 下我国东部、中部、西部、东北地区的土地利用类型分布规律如下：东部地区以耕地和林地类型为主，面积分别达到 35.07×10⁴ 平方千米（39.48%）和 32.27×10⁴ 平方千米（36.33%）；中部地区也以林地和耕地类型为主，面积分别达到 42.54×10⁴ 平方千米（41.67%）和 40.67×10⁴ 平方千米（39.84%）；西部地区以草地和未利用地类型为主，面积分别达到 249.95×10⁴ 平方千米（37.46%）和 211.47×10⁴ 平方千米（31.69%）；东北地区以林地和耕地类型为主，面积分别达到 33.04×10⁴ 平方千米（42.53%）和 30.88×10⁴ 平方千米（39.75%）。

3.4.2　未来耕地占补平衡对耕地数量的影响

　　为了更加充分地研究我国耕地占补平衡政策对耕地数量的影响，本书在分析历史时期我国耕地数量时空变化的基础上，采用 LANDSCAPE 在 SPP 和 SPN 下模拟了我国 2040 年 1 千米分辨率的土地利用情况，并分析了 2000～2040 年全国耕地数量的变化趋势（图 3-13）。2040 年在 SPP 和 SPN 下，我国耕地资源的总量分别为 175.91×10⁴ 平方千米和 175.95×10⁴ 平方千米，均高于 2020 年的历史水平。这说明我国耕地占补平衡政策在未来很可能会对耕地数量的保护产生积极的作用。

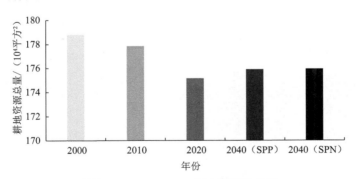

图 3-13　2000～2040 年全国耕地总量

　　从补充耕地来源来看，在 SPP 下，2020～2040 年我国耕地补充总量为 51.649×10⁴ 平方千米，来源主要是林地，其占耕地补充总量的比例超过 50%；其次是草地，其占耕地补充总量的比例超过 30%；而湿地和未利用地占比很小，总和占耕地补充总量的 10% 左右（图 3-14）。在 SPN 下，2020～2040 年我国耕地补充总量为 51.655×10⁴ 平方千米，与 SPP 相比，补充耕地来源的各地类占比变化很小，其中林地占耕地补充总量的比例微上升，而草地和湿地占耕地补充总量的比例略微下降（图 3-14）。

在 SPP 和 SPN 下，2020～2040 年我国耕地流失总量均为 12.24×10⁴ 平方千米。从耕地流失来源来看，无论是在 SPP 下，还是在 SPN 下，2020～2040 年我国耕地流失主要去处是农村建设用地，其占比均超过 80%；同时，城市建设用地也是该阶段耕地流失的重要去处（图 3-15）。这说明随着我国城市化进程的提速，在未来很长一段时间内，城市化与耕地保护间仍存在很大矛盾。

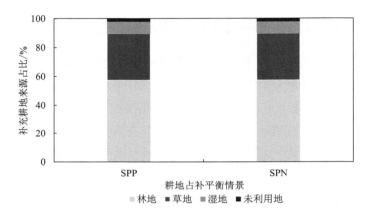

图 3-14　2020～2040 年全国补充耕地来源占比

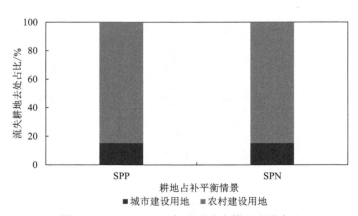

图 3-15　2020～2040 年全国流失耕地去处占比

在 SPP 下，2020～2040 年，我国耕地面积共增加 7448 平方千米。从流失耕地来看（表 3-7），河南、河北、江苏和山东 4 省因建设用地开发流失的耕地数量均超过了 10 000 平方千米，安徽、辽宁、黑龙江和内蒙古 4 省被建设用地占用耕地的数量在 5000～10 000 平方千米，其他省份均因为建设用地开发，耕地有所流失。从补充耕地数量来看，所有省份均有补充耕地，但省份间数量差异比较大。黑龙江和内蒙古新增的补充耕地的数量均超过了 40 000 平方千米，广西、湖南和云南 3 省补充耕地的数量在 30 000～40 000 平方千米，甘肃、广东、贵州、湖北、江西、山西、陕西和四川 8 省补充耕地的数量在 20 000～30 000 平方千米，北京、上海、天津的补充耕地数量较少，均不到 1000 平方千米。

表 3-7　SPP 下 2020～2040 年我国省级耕地占补平衡对耕地数量的影响

（单位：千米²）

省（自治区、直辖市）	耕地占用去处		耕地补充来源			
	城市建设用地	农村建设用地	林地	草地	湿地	未利用地
北京	118	865	398	149	68	0
天津	74	838	97	37	252	0
河北	1 430	10 660	5 395	7 769	1 442	109
山西	709	3 516	7 432	12 829	466	37
内蒙古	339	4 772	8 403	29 904	2 458	2 825
辽宁	663	5 044	14 283	1 869	1 756	92
吉林	604	4 169	12 457	2 018	1 567	2 365
黑龙江	1 193	5 786	18 813	6 853	13 609	1 274
上海	318	372	30	10	63	0
江苏	2 831	8 139	1 143	202	2 850	33
浙江	1 000	2 036	8 163	371	389	8
安徽	499	8 609	5 033	1 160	1 485	5
福建	237	967	9 214	2 190	119	13
江西	381	1 720	19 579	1 858	1 544	11
山东	2 538	12 588	2 668	2 989	1 853	123
河南	1 401	12 807	3 349	2 900	884	2
湖北	570	3 588	16 889	985	4 150	20
湖南	477	1 569	27 012	1 267	1 749	13
广东	940	2 529	17 750	1 882	1 244	22
广西	314	2 108	27 360	3 769	528	4

续表

省（自治区、直辖市）	耕地占用去处		耕地补充来源			
	城市建设用地	农村建设用地	林地	草地	湿地	未利用地
海南	88	301	3 607	184	196	14
重庆	161	608	9 201	2 345	162	3
四川	407	2 162	21 325	7 399	758	43
贵州	135	472	21 604	7 997	163	8
云南	274	1 268	21 276	11 457	495	30
西藏	29	53	1 668	1 987	269	218
陕西	328	2 347	7 320	21 502	436	600
甘肃	184	1 948	3 209	22 908	465	2 238
青海	33	317	358	2 673	82	187
宁夏	132	734	491	4 996	403	418
新疆	163	601	319	2 100	128	526

在 SPN 下，2020～2040 年，我国耕地面积共增加 7842 平方千米。与 SPP 类似，从流失耕地来看（表 3-8），河南、河北、江苏和山东 4 省因建设用地开发流失的耕地数量均超过了 10 000 平方千米，安徽、辽宁、黑龙江和内蒙古 4 省被建设用地占用耕地的数量在 5000～10 000 平方千米，其他省份均因为建设用地开发，耕地有所流失。从补充耕地数量来看，所有省份均有补充耕地，但省份间数量差异比较大。黑龙江和内蒙古新增的补充耕地的数量均超过了 40 000 平方千米，广西、湖南和云南 3 省补充耕地的数量在 30 000～40 000 平方千米，甘肃、广东、贵州、湖北、江西、山西、陕西和四川 8 省补充耕地的数量在 20 000～30 000 平方千米，北京、上海、天津的补充耕地数量较少，均不到 1000 平方千米。

表 3-8　SPN 下 2020～2040 年我国省级耕地占补平衡对耕地数量的影响

（单位：千米 ^{2}）

省（自治区、直辖市）	耕地占用去处		耕地补充来源			
	城市建设用地	农村建设用地	林地	草地	湿地	未利用地
北京	118	865	394	146	67	0
天津	74	838	96	37	247	0

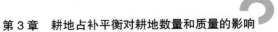

续表

省（自治区、直辖市）	耕地占用去处		耕地补充来源			
	城市建设用地	农村建设用地	林地	草地	湿地	未利用地
河北	1 430	10 660	5 383	7 743	1 429	109
山西	709	3 516	7 425	12 818	466	37
内蒙古	339	4 772	8 405	29 910	2 459	2 825
辽宁	663	5 044	14 274	1 867	1 755	92
吉林	604	4 169	12 464	2 020	1 570	2 365
黑龙江	1 193	5 786	18 876	6 883	13 682	1 277
上海	318	372	30	10	62	0
江苏	2 831	8 139	1 130	200	2 791	31
浙江	1 000	2 036	8 146	371	382	8
安徽	499	8 609	5 029	1 159	1 485	5
福建	237	967	9 202	2 181	117	13
江西	381	1 720	19 570	1 855	1 542	11
山东	2 538	12 588	2 655	2 951	1 828	120
河南	1 401	12 807	3 345	2 890	878	2
湖北	570	3 588	16 896	985	4 157	20
湖南	477	1 569	27 012	1 267	1 752	13
广东	940	2 529	17 672	1 873	1 227	21
广西	314	2 108	27 443	3 771	529	4
海南	88	301	3 606	184	196	14
重庆	161	608	9 212	2 350	161	3
四川	407	2 162	21 466	7 431	780	43
贵州	135	472	21 604	7 996	163	8
云南	274	1 268	21 272	11 451	495	30
西藏	29	53	1 668	1 987	269	218
陕西	328	2 347	7 319	21 501	437	600
甘肃	184	1 948	3 208	22 909	465	2 238
青海	33	317	358	2 673	82	187
宁夏	132	734	491	4 995	403	418
新疆	163	601	320	2 105	131	526

总体而言，无论是在 SPP 下还是在 SPN 下，2020～2040 年我国耕地总数量一直处于增长状态，补充耕地较多的地区主要集中在黑龙江、内蒙古、广西、湖南和云南等北部、东北部和中南部省份，补充耕地来源主要是林地和草地。

3.4.3　未来耕地占补平衡对耕地质量的影响

为了更加充分地研究我国耕地占补平衡政策对耕地质量的影响，本书在分析历史时期我国耕地质量时空变化的基础上，采用 LANDSCAPE 在 SPP 和 SPN 下模拟了我国 2040 年 1 千米分辨率的土地利用情况，并分析了 2000～2040 年全国耕地质量的变化趋势（图 3-16）。2040 年在 SPP 和 SPN 下，我国耕地资源的平均生产潜力分别为 6971.06 千克/公顷和 6969.47 千克/公顷，均高于 2020 年的历史水平。这说明我国耕地占补平衡政策在未来很可能会对耕地质量的保护产生积极的作用。

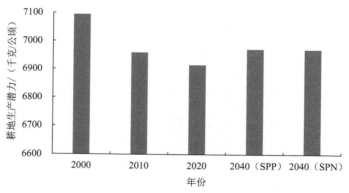

图 3-16　2000～2040 年全国耕地生产潜力

从不同地类对耕地的"占补"情况来看（图 3-17 和图 3-18），无论是在 SPP 下还是在 SPN 下，林地、湿地和建设用地占用和补充的耕地平均质量较高，草地和未利用地占用和补充的耕地平均质量较低。2020～2040 年，林地、草地、城市建设用地和农村建设用地补充耕地的平均质量比占用耕地的平均质量略高，而湿地和未利用地补充耕地的平均质量明显低于占用耕地的平均质量。总之，在 SPP 和 SPN 下，湿地和未利用地均出现了明显的"占优补劣"现象。

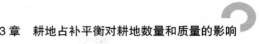

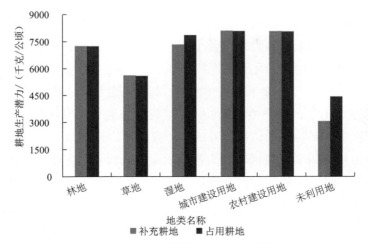

图 3-17 2020～2040 年在 SPP 下全国其他地类占用和补充耕地的生产潜力

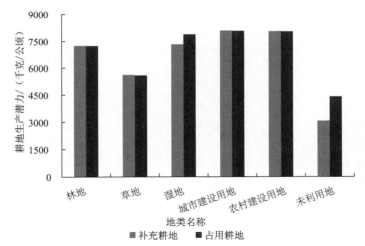

图 3-18 2020～2040 年在 SPN 下全国其他地类占用和补充耕地的生产潜力

从各省（自治区、直辖市）耕地平均质量变化的时空分布来看（表 3-9），不同情景有不同特点。2020～2040 年，在 SPP 下，我国耕地平均质量高提升的省（自治区、直辖市）有黑龙江、湖北和广西，耕地平均生产潜力提升超过 $1×10^7$ 千克/公顷；山西、山东、安徽、湖南、贵州、广东、吉林、甘肃、陕西和重庆位于中提升区，耕地平均生产潜力提升量位于 $1×10^6～1×10^7$ 千克/公顷；宁夏、江西、海南、辽宁和天津位于低提升区，耕地平均生产潜力提升量位于 $0～1×10^6$ 千克/公顷。其余省（自治区、直辖市）的耕地质量出现不同程度的退化,其中新疆、西藏、江苏、福建、青海、河北和四川的耕地质量退化较轻,耕地平均生产潜力减少量小于1×10^6千克/公顷;浙江、云南、内蒙古、北京和上海的耕地质量退化较严重,耕地平均生产潜力减少量位于$1\times10^6\sim5\times10^6$千克/公顷;河南的耕地质量退化最严重,耕地平均生产潜力减少量超过5×10^6千克/公顷。在 SPN 下,我国耕地平均质量高提升的省(自治区、直辖市)保持不变,低提升的省(自治区、直辖市)有部分减少,辽宁和江西由耕地质量提升区转变为耕地质量退化区。耕地质量退化较轻的区域有所减少,四川和新疆由耕地质量退化区转变为耕地质量提升区;耕地质量退化较严重的省(自治区、直辖市)有所增加,辽宁、河北由耕地质量提升转变为耕地质量退化,浙江、云南、上海等的耕地退化程度都有所增加;河南耕地质量退化最严重。

表 3-9 2020~2040 年我国省级耕地生产潜力变化

（单位：千克/公顷）

省（自治区、直辖市）	2020~2040 年耕地质量变化（SPP）	2020~2040 年耕地质量变化（SPN）
北京	−1 147 579	−1 325 016
天津	396 944	43 061
河北	−919 908	−3 216 841
山西	1 820 628	1 244 452
内蒙古	−2 457 780	−1 823 811
辽宁	766 855	−129 926
吉林	2 542 629	3 612 500
黑龙江	62 226 271	70 525 197
上海	−1 831 414	−2 012 880
江苏	−122 128	−6 872 206
浙江	−3 390 008	−4 522 071
安徽	6 220 634	5 977 987
福建	−304 147	−651 194
江西	11 260	−503 751
山东	3 978 643	−2 586 824
河南	−6 563 355	−8 640 157
湖北	31 817 876	33 425 683
湖南	1 841 797	1 976 817

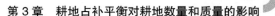

续表

省（自治区、直辖市）	2020～2040 年耕地质量变化（SPP）	2020～2040 年耕地质量变化（SPN）
广东	3 530 078	1 642 417
广西	47 929 407	48 836 232
海南	256 751	254 675
重庆	1 925 531	3 090 933
四川	−933 774	9 265 502
贵州	1 850 171	1 785 402
云南	−2 515 475	−2 681 367
西藏	−32 566	−32 566
陕西	1 588 361	1 710 069
甘肃	1 982 390	2 057 726
青海	−326 216	−332 843
宁夏	125 338	117 870
新疆	−15 357	8 029

3.5　小　　结

20 世纪 90 年代后期，我国开始实行一系列严格的耕地占补平衡政策，本书针对已有研究对我国耕地占补平衡政策实施效果评价的不足，使用土地利用数据和耕地生产潜力数据，评价了我国耕地占补平衡政策实施前后耕地数量、质量在不同行政尺度上的时空变化，并设置两种保护情景对未来我国耕地形势进行预测。主要结论有以下几个方面。

（1）在我国严格的耕地保护制度实施后，我国耕地总量基本稳定。建设用地开发较快的地区主要集中在河南、河北、山东等中东部省份，这些地区城镇快速城市化，导致城市用地快速扩张，城镇周边大量耕地资源被占用。

（2）我国耕地平均质量在耕地保护制度实施后有逐渐下降的趋势，主要是东部长江中下游平原、黄淮海平原，以及华南地区的大量优质耕地被占用，而在黑龙江、新疆、内蒙古等北方地区补充的耕地质量下降造成的。

（3）通过对我国 2040 年土地利用情况的模拟发现，省域内耕地占补平衡和跨省域耕地占补平衡不仅能够较好地保护耕地数量，也能提升耕地质量。

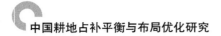

本章参考文献

柯新利, 边馥苓. 2010. 基于空间数据挖掘的分区异步元胞自动机模型研究. 中国图象图形学报, 15(6): 921-930.

Ke X L, van Vliet J, Zhou T, et al. 2018. Direct and indirect loss of natural habitat due to build-up area expansion: a model-based analysis for the city of Wuhan, China. Land Use Policy, 74: 231-239.

Ke X L, Zheng W W, Zhou T, et al. 2017. A CA-based land system change model: LANDSCAPE. International Journal of Geographical Information Science, 31(9): 1798-1817.

第4章

耕地占补平衡对生态系统服务及其价值的影响

4.1 耕地占补平衡对生态系统服务及其价值影响评估的总体思路

本章聚焦于耕地占补平衡对关键生态系统服务的影响评估,包括生境质量、碳储存服务、水土保持服务、水质净化服务、产水服务,并且还评估了耕地占补平衡对生态系统服务价值的影响。主要思路是基于耕地占补平衡影响下的土地利用变化,采用生态系统服务和权衡的综合评估(integrated valuation of ecosystem services and trade-offs,InVEST)模型相应的模块评估耕地占补平衡对生态系统服务的影响;采用当量因子法评估耕地占补平衡对生态系统服务价值的影响。

4.2 生态系统服务及其价值评估方法

4.2.1 生境质量评估方法

4.2.1.1 InVEST 模型生境质量服务模块

生境表示生物生存、活动所依赖的环境空间范围,一般指生态地理环境,包含土壤、地形、气候、土地覆被等因素。生境质量是指在一定的时空范围内,生态系统为生物个体与种群提供持续生存条件的能力（刘智方等，2017），被视为反映区域生态多样性与生态系统服务水平的重要指标，也是保障区域生态安全与提升人类生存福祉的重要基础（钟莉娜和王军，2017；陈妍等，2016）。学者们在不断深入探索过程中，对生境质量的评估形成了不同的方法，比如基于统计学方法，利用自然监测或者评估数据测度区域生境质量；也有基于 ArcGIS 的空间分析方法，利用环境要素等进行空间叠加分析（戴尔阜等，2016）。综合各学者对生境质量评估的研究成果可以发现，当前采取的主流方法是基于 InVEST 模型的生境质量模块进行区域生境质量评估，该模块以土地利用数据为基础，结合各种威胁因子反映人类活动对生境地类的干扰，以此评估适于生物生存繁衍的生境在空间上的分布状况与适宜程度（刘春芳等，2018）。

基于 InVEST 模型的生境质量模块评估区域生境质量的过程主要围绕区域土地利用数据，利用生境适宜性、威胁因子影响距离及权重、各类生境对威胁因子的敏感性进行，计算公式如式（4-1）所示：

$$Q_{xj} = H_j \left[1 - \left(\frac{D_{xj}^z}{D_{xj}^z + k^z} \right) \right] \tag{4-1}$$

其中，Q_{xj} 表示土地利用/覆被类型 j 中 x 号栅格的生境质量指数；H_j 为土地利用/覆被类型 j 的生境适宜性，取值范围为[0，1]，值越大表示该覆被类型越适合做生境；D_{xj} 表示土地利用/覆被类型 j 中 x 号栅格的生境退化程度；k 为半饱和常数，一般取最大退化程度（模型运算可得）的一半；z 表示归一化常量，为模型的默认参数。D_{xj} 的计算公式如式（4-2）所示：

$$D_{xj} = \sum_{r=1}^{R} \sum_{y=1}^{Y_r} \left(w_r \Big/ \sum_{r=1}^{R} w_r \right) r_y i_{rx} \beta_x S_{jr} \tag{4-2}$$

其中，y 表示威胁栅格图 r 上的所有栅格；Y_r 表示威胁栅格图 r 上的一组栅格（基于栅格分辨率的变化，每种威胁因子都能有一组栅格）；R 表示威胁因子总数；w_r 表示威胁因子引起生境退化的归一化威胁权重值；r_y 表示 r 在栅格 y 中的值；i_{rx} 表示 r 与生境栅格 x 之间的距离；β_x 表示生境栅格 x 的受保护程度；S_{jr} 表示生境 j 对 r 的相对敏感性，如果 $S_{jr}=0$，则 D_{xj} 不是 r 的函数，此外，威胁因子的权重为归一化权重，所以所有的权重值和为 1。正是由于权重为归一化的权重，式（4-1）中的 D_{xj} 为生境栅格 x 的所有威胁因子的均值，随各威胁因子权重的改变而变化，但若权重只存在相对差异，如（0.1，0.1，0.4）与（0.2，0.2，0.8），仅仅是权重值不同，则 D_{xj} 一致。

4.2.1.2　数据来源及处理

1）土地利用数据集

土地利用/覆被数据的详述参见第 3.2.3 节。

2）威胁因子集

威胁因子是反映人类活动等对生境以及生物生存繁衍所带来的影响，不同的威胁因子会对生境产生或多或少的影响，致使该生境为生物生存繁衍提供各种资源的能力下降，往往选取人类活动较为频繁的因素作为威胁因子。借鉴已有的研究成果，本书综合选取耕地、建设用地（包括城市建设用地与农村建设用地）以及主要的交通线路（省道、高速公路、国道、市区道路）作为威胁因子（吴健生等，2017；王宏杰，2016；徐建宁等，2016；郝月等，2019）。不同的威胁因子对生境的影响力有显著差异，在生境质量模块中主要体现在各威胁因子的影响距离、相对权重以及衰减形式上，基于前人的研究成果，本书所采用的威胁因子属性及生境类型对威胁因子敏感性如表 4-1 和表 4-2 所示。

表 4-1　威胁因子最大影响距离

威胁因子	最大影响距离	权重	空间衰退类型
耕地	4	0.7	线性
高速公路	7	0.6	指数
建设用地	9	1	线性
国道	3	0.5	指数
省道	3	0.5	指数
市区道路	5	0.5	指数

表 4-2　各生境对威胁因子敏感性

地类	生境适宜性	耕地	高速公路	建设用地	省道	市区道路	国道
林地	0.9	0.7	0.8	0.7	0.5	0.6	0.5
草地	0.5	0.6	0.8	0.7	0.5	0.6	0.5

地类	生境适宜性	耕地	高速公路	建设用地	省道	市区道路	国道
河流	0.6	0.6	0.6	0.6	0.4	0.5	0.4
湿地	1	0.8	0.9	0.9	0.5	0.6	0.5

4.2.2　生态系统碳储存服务评估方法

4.2.2.1　InVEST 模型

InVEST 模型是由美国斯坦福大学、世界自然基金会和大自然保护协会联合开发的生态系统服务工具（杨园园等，2012），其克服了传统生态系统碳储存服务估算研究方法的测算结果呈静态、成本高、所需数据繁多等缺点，具有使用简单、参数灵活、评估结果的空间可视化等优点，因此在对生态系统碳储存服务评估方面得到了广泛的应用（白杨等，2013；王绍强等，2000）。InVEST 模型中考虑了 4 种类型的碳库：地上生物量碳库、地下生物量碳库、死亡有机质碳库、土壤有机质碳库。地上生物量碳库包括地表以上所有活的植被的碳储量；地下生物量碳库包括植物活的根系的碳储量；死亡有机质碳库包括枯立木、凋落物和倒木中的碳储量；土壤有机质碳库包括土壤有机碳和矿质土壤有机碳形成的碳储量。

InVEST 模型以土地利用类型为评估单元，利用区域土地利用/覆被信息、碳密度数据，通过栅格叠加评估陆地生态系统碳储量。

首先，各地类的碳密度计算公式如式（4-3）所示：

$$C_i = C_{i\_above} + C_{i\_below} + C_{i\_dead} + C_{i\_soil} \qquad (4\text{-}3)$$

其中，C_i 为第 i 种地类的碳密度；C_{i_above} 为第 i 种地类地上生物的碳密度；C_{i_below} 为第 i 种地类地下生物的碳密度；C_{i_dead} 为第 i 种地类的死亡有机质的碳密度；C_{i_soil} 为第 i 种地类的土壤有机质的碳密度。

其次，基于各地类的碳密度和土地利用数据，计算生态系统碳储量，公式如式（4-4）所示：

$$C_{i\_total} = C_i \times A_i \qquad (4\text{-}4)$$

其中，C_{i_total} 为区域内第 i 种地类总的碳储量；C_i 为第 i 种地类的碳密度；A_i 为

第 i 种地类的面积。

最后，将各地类的碳储量加总，得到区域内总的生态系统碳储量。

4.2.2.2　数据来源

本书所利用的数据包括土地利用数据集和各种土地利用类型的碳密度数据。

1）土地利用数据集

土地利用/覆被数据的详述参见第 3.2.3 节。

2）碳密度数据

不同地类的植被覆盖状况不同，碳密度也不同，碳密度数据由植被碳密度、土壤碳密度等计算得到，可以通过已经公开发表的文献获得。Chuai 等（2013）研究表明，我国的耕地、林地、草地、建设用地（城市建设用地、农村建设用地）、未利用地的碳密度分别为 104.40 吨/公顷、165.41 吨/公顷、101.51 吨/公顷、93.60 吨/公顷、51.79 吨/公顷；An 等（2022）的研究则认为，河流的碳密度可以忽略不计。根据以往研究中各地类的植被碳密度（包括地上生物量、地下生物量碳密度）、土壤有机质碳密度、死亡有机质碳密度数据以及这 4 类碳库生物量的比值——碳转换率等研究结果，换算出各种地类的碳密度（表 4-3）。

湿地：碳密度总和=植被碳密度（7%）+土壤有机质碳密度（90%）+死亡有机质碳密度（3%）。其中植被碳密度：地下生物量/地上生物量=0.6。

城市建设用地、农村建设用地：碳密度总和=植被碳密度（21%）+土壤有机质碳密度（79%）。其中植被碳密度：地下生物量/地上生物量=0.2。

其他土地类型：碳密度总和=植被碳密度（26%）+土壤有机质碳密度（72%）+死亡有机质碳密度（2%）。其中，耕地、林地、草地、未利用地植被碳密度：地下生物量/地上生物量的值分别为 0.66、0.2、1.20、0.2。

表 4-3　我国各土地类型的碳密度　　　　（单位：吨/公顷）

土地利用类型	地上生物量	地下生物量	死亡有机质	土壤有机质	参考文献
耕地	16.35	10.80	2.09	75.16	Chuai 等（2013）；Zhang 等（2017）
林地	35.84	7.17	3.31	119.09	Chuai 等（2013）；刘刚和陈利（2013）；刘兆丹等（2016）；梁萌杰等（2016）；李斌等（2015）；丁访军等（2015）；荣月静等（2016）

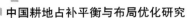

续表

土地利用类型	地上生物量	地下生物量	死亡有机质	土壤有机质	参考文献
草地	12.00	14.40	2.03	73.08	Chuai 等（2013）；刘刚和陈利（2013）；王亮等（2010）
河流	0.00	0.00	0.00	0.00	An 等（2022）
湿地	14.21	7.89	9.47	284.19	Xiao 等（2015）；郑姚闽等（2013）；刘刚和陈利（2013）；田应兵（2005）；邰继承等（2011）；朱耀军等（2016）
城市建设用地	16.39	3.27	0.00	73.94	奚小环等（2013）；Zhang 等（2017）
农村建设用地	16.39	3.27	0.00	73.94	奚小环等（2013）；Zhang 等（2017）
未利用地	11.22	2.24	1.04	37.29	奚小环等（2013）；Zhang 等（2017）

4.2.3　生态系统水土保持服务评估方法

　　土壤是所有生物生存发展所依赖的重要物质基础，随着人类活动的加剧，地球上现存的土壤流失量逐年增加，由于土壤的成土过程需要耗费较长的时间，现有的土壤资源在相当长的一段时间里将难以再生，已被列为不可再生资源，而土壤流失的加剧又会造成土壤肥力下降、旱涝灾害加剧等其他生态问题（黄启芬，2015；王占礼，2000）。当前全球气候变化以及各种生态问题的爆发，使得全球各国格外关注生态问题，土壤流失也日益受到重视，研究区域土壤安全现状及维护、恢复体系成为很多学者的重要探索方向。当前学术界对区域水土保持服务的探索经历了一段时间的发展，已取得了较多的研究成果，学者们对区域水土保持服务的研究主要有综合指标评价法和服务模型评估法两大类。其中，综合指标评价法基于水土保持的基础服务，在科学、全面筛选出与水土保持服务评估有关的各种指标基础上，运用层次分析、熵权模型、灰色模型等确定各指标的权重，进而测算出区域水土保持服务的现状（张超等，2016；徐文秀等，2019；王海燕等，2020）。

　　基于服务模型的区域水土保持服务评估方法则是依托 ArcGIS 技术等，通过对区域自然地理要素（地形、土壤、植被等）以及气候要素等进行综合考虑，以区域水土流失成因、驱动力等基本生态过程为基础，通过科学的计算获得区域水土保持服务数据。常见的可以用于评估区域水土保持服务的服务模型有

InVEST 模型（李婷等，2014）、修正通用土壤流失方程（revised universal soil loss equation，RUSLE）模型（陈正发，2011；王略等，2018）等。InVEST 模型由于其科学的模型构建以及方便快捷、精度较高、空间可视化等诸多方面的优点，成为学者们评估生态系统服务时常用的技术方法，本书采用 InVEST 模型的泥沙输移比模块测度全国不同时段的水土保持服务。

　　InVEST 模型的泥沙输移比模块是基于区域地形，综合考虑由降水、地形、植被等因素导致的最终输送到集水区的泥沙输移量及其空间分布的功能模块。该模块首先测度每个栅格上的土壤侵蚀量，然后计算泥沙输移比，即达到区域集水区出口断面的泥沙量占上游水土流失泥沙总量的比例系数。运用该模型评估水土保持服务的主要计算公式，如式（4-5）所示：

$$\text{USLE}_i = R_i \times K_i \times \text{LS}_i \times (1 - C_i \times P_i) \tag{4-5}$$

其中，USLE_i 表示年度土壤保持量：吨/（公顷·年）；R_i 表示降水侵蚀性因子：（兆焦耳·毫米）/（公顷·小时）；K_i 表示土壤可蚀性因子：（吨·公顷·小时）/（兆焦耳·公顷·毫米）；LS_i 表示坡度坡长因子：无量纲；C_i 表示植被覆盖和作物管理因子：无量纲；P_i 表示水土保持措施因子：无量纲。

　　LS_i 采用 Desmet 和 Govers（1996）的二维地表计算方法，如式（4-6）所示：

$$\text{LS}_i = S_i \frac{\left(A_{i-\text{in}} + D^2\right)^{m+1} - A_{i-\text{in}}^{m+1}}{D^{m+2} \times X_i^m \times (22.13)^m} \tag{4-6}$$

其中，S_i 表示栅格 i 的坡度因子，为关于坡度值的函数，当坡度 $\theta < 9\%$ 时，$S = 10.8\sin(\theta) + 0.03$，当坡度 $\theta \geqslant 9\%$ 时，$S = 16.8\sin(\theta) - 0.50$；$A_{i-\text{in}}$ 表示栅格径流入口以上产沙区域面积（平方米），使用 D8 流向算法计算；D 表示栅格尺寸（米）；$X_i = |\sin\alpha_i| + |\cos\alpha_i|$，$\alpha_i$ 表示栅格 i 的输沙方向；m 表示 RUSLE 长度指数因子，当坡度 $\leqslant 1\%$ 时，$m=0.2$，当 $1\% <$ 坡度 $\leqslant 3.5\%$ 时，$m=0.3$，当 $3.5\% <$ 坡度 $\leqslant 5\%$ 时，$m=0.4$；当 $5\% <$ 坡度 $\leqslant 9\%$ 时，$m=0.5$，当坡度 $>9\%$ 时，$m = \beta / (1+\beta)$，其中 $\beta = \sin\theta / 0.0986 / (3\sin\theta^{0.8} + 0.56)$。

　　K_i 采用公式法进行测算（俱战省等，2015），如式（4-7）所示：

$$K_i = \left\{ 0.2 + 0.3\exp^{[-0.0256 \times SAN(1-SIL/100)]} \right\} \times [SIL / (CLA+SIL)]^{0.3}$$
$$\times \left\{ 1 - 0.25Q / [Q + \exp^{(3.72-2.95Q)}] \right\} \tag{4-7}$$
$$\times \left\{ 1 - 0.75(1 - SAN / 100) / [(1 - SAN / 100) + \exp^{[-5.51+22.9(1-SAN/100)]}] \right\}$$

其中，SAN 为砂粒质量分数（%）；SIL 为粉粒质量分数（%）；CLA 为黏粒质量分数（%）；Q 为有机碳质量分数（%）。

C_i 是利用归一化植被指数（normalized difference vegetation index，NDVI）影像提取植被覆盖情况所得，即植被所占比例，如式（4-8）所示：

$$C_i = (NDVI - NDVI_s) / (NDVI_v - NDVI_s) \tag{4-8}$$

其中，$NDVI_s$ 表示无植被覆盖的裸地像元的 NDVI 值；$NDVI_v$ 表示全植被覆盖像元的 NDVI 值。

采用蔡崇法等（2000）的方法通过植被覆盖度计算 C 因子，如式（4-9）所示：

$$\begin{cases} C = 1 & c = 0 \\ C = 0.6508 - 0.3436 \lg c & 0 < c \leqslant 78.3\% \\ C = 0 & c > 78.3\% \end{cases} \tag{4-9}$$

其中，C 为植被覆盖和作物管理因子；c 为植被覆盖度（%）。

P_i 主要由前人的研究（Bhattarai and Dutta，2007）所得，如表 4-4 所示。

表 4-4　常见土地利用类型 P 值

土地利用类型	耕地	林地	草地	河流	湿地	城市建设用地	农村建设用地	未利用地
P	0.25	1	1	0	0	0.01	0.01	1

基于泥沙输移比模块的计算方式，此功能模块所需要的数据主要有：区域 DEM、降水侵蚀性因子 R、土壤可蚀性因子 K、土地利用/覆被、小流域单元、生物物理系数表、汇水区面积。其中，DEM 数据来源于美国国家航空航天局航空雷达测绘数据（https://www.nasa.gov/），数据原始分辨率为 90 米×90 米；降水侵蚀性因子 R 采用区域年均降水量代替，根据不同土地利用数据的年限选择对应的多年年均降水量，数据来源于中国科学院资源环境科学与数据中心

（http://www.resdc.cn/），原始数据分辨率为 1 千米×1 千米，年降水量单位为 0.1 毫米；土壤可蚀性因子 K 所需土壤数据（主要包括土壤有机质含量、土壤砂粒含量、土壤黏粒含量、土壤粉粒含量）来源于中国土壤数据库（http://vdb3.soil.csdb.cn/），原始数据为站点数据，借助 ArcGIS 10.2 软件用克里金插值法获得覆盖研究区域的土壤特征栅格；土地利用/覆被数据的详述参见第 3.2.3 节，该数据为依托 DEM 数据借助 ArcGIS 中栅格系统的空间分析功能提取的。数据集包括全国所有河网和面积大于 100 平方千米的所有子流域；汇水区面积由 DEM 数据采用 D8 流向算法计算所得；土壤保持所需生物物理系数表主要为不同地类所对应的 C 因子和 P 因子，经由式（4-9）、表 4-4 与土地利用数据，采用空间叠加的方式直接计算得到。

4.2.4　生态系统水质净化服务评估方法

水是生物生存必需的物质资源，水源安全更是关乎生命长久存续的重要问题。众多学者从水源安全保障（陈炼钢等，2008；许建玲，2013）、饮水健康（王晋，2014）、水质监测（梁承美，2014；曾甜玲等，2013；胡素端，2015）、水污染治理（李凤，2014；何云等，2015；陈雯，2012）等多方面开展相关研究，其研究成果为指导经济高速发展背景下水资源保护起到了巨大的作用。水质净化服务作为衡量区域生态系统水源健康的常用指标，受到学者们的广泛关注，国内外学者采用不同的研究方法对湿地（郗敏等，2006；赵欣胜等，2016）、江河流域（韩会庆等，2016）、湖泊（李峰等，2014）等重要的水源健康要素进行了分析，并进行水质净化服务的评估。从研究方法上看，学者们探索区域水质净化服务的主流方法是借助各种服务模型进行测度，比如，李红艳等（2012）运用水量-水质耦合模型测度了扎龙湿地水质净化服务；范亚宁（2017）运用 InVEST 模型的水质净化模块测度了秦岭北麓及周边生态系统的水质净化服务；潘丽娟（2016）基于 InVEST 模型和 CLUE-S 模型模拟了未来不同发展情景下南京市水质净化服务。从学者们对水质净化服务评估方法的选取上来看，InVEST 模型的水质净化模块是相关领域内运用较多的研究方法。

InVEST 模型中水质净化模块主要是基于各类生态系统营养盐的输出系数以及各类生态系统对营养盐的持留效率确定生态系统水质净化服务大小，该模型仅考虑非点源污染。主要算法如式（4-10）所示：

$$ALV_x = HSS_x \times pol_x \qquad (4\text{-}10)$$

其中，ALV_x 为栅格 x 调节的载荷值；pol_x 为栅格 x 的输出系数；HSS_x 为栅格 x 的水文敏感得分值。该模块的主要参数是土地利用/土地覆盖类型、总氮输出负荷、DEM 数据和产水量数据等，其中产水量数据由产水量模型的结果提供，其他模型输入参数基于流域相关数据和模型要求的格式确定。

基于 InVEST 模型的水质净化服务评估模块，以氮、磷两种营养元素的汇流量作为评价各栅格的水质净化服务强弱的依据，运行该模块主要需要小流域单元、DEM 数据、土地利用/覆被数据、养分流失因子和生物物理系数。其中小流域单元、DEM 数据与前文测度的其他生态服务所用数据一致；由于不同的土地覆被类型对于氮、磷两种营养元素的持留能力有较大差异，此服务下的土地利用/覆被数据采用原始数据的二级地类分类；养分流失因子采用多年年均降水量数据，反映由降水导致的地表径流对养分的冲刷及流走作用；借鉴前人的研究（韩会庆等，2016；应兰兰等，2010），本书所采用的生物物理系数如表 4-5 所示。

表 4-5 水质净化服务营养元素生物物理系数表

土地利用类型	氮负荷	氮最大持留效率	磷负荷	磷最大持留效率	氮最大持留距离/米	磷最大持留距离/米	元素溶解比
耕地	11	0.25	3	0.25	1 500	1 500	0.3
林地	1.8	0.8	0.011	0.8	1 500	1 500	0
草地	4	0.4	0.05	0.4	1 500	1 500	0
河流	0.001	0.05	0.001	0.05	1 500	1 500	0
湿地	1	0.01	0.2	0.01	1 500	1 500	0
城市建设用地	9	0.05	2.5	0.05	1 500	1 500	0
农村建设用地	10	0.1	0.005	0.1	1 500	1 500	0
未利用地	4	0.05	0.001	0.05	1 500	1 500	0

4.2.5　生态系统产水服务评估方法

生态系统服务在社会和经济可持续发展过程中具有十分重要的作用，是人类生活和发展不可或缺的因素之一（Deng et al.，2013）。生态系统服务不仅保证了全球生态系统的稳定性，而且给人类提供了大量的有用资源，包括食物和生产资料（Bennett et al.，2009；Song and Deng，2017）。产水量是生态系统服务的一个重要的组成部分，它与区域自然和经济条件密切相关（Liquete et al.，2011）。产水量影响着区域的资源水平，对人类生存和发展至关重要（Zhang et al.，2010）。

产水量受区域地理条件和人类活动的影响，人类活动同时也影响区域地理条件，这就导致人类活动对产水量的影响十分强烈（Qin et al.，2015）。人类活动通过影响气候变化、土地利用和水质来影响产水量（Chen et al.，2016；Lang et al.，2017）。由于人类对水的需求不断增加和人类活动对水资源的影响，水资源的供给不断减少，水资源短缺的态势越来越明显（Cademus et al.，2014）。因此，用水冲突的加剧严重威胁了地区的可持续发展（Li et al.，2016a）。

已有的产水服务评估主要集中于研究流域尺度的产水量的时空变化，以及引起这些变化的因素。Kim 等（2017）通过计算发现，由于森林存量和气候的变化，韩国的森林产水量在 1971～2010 年增加了近 1 倍。王彦辉等（2018）对多年和多尺度黄土高原与六盘山区森林面积增加对产水量的影响研究发现，造林减少年产水量的平均幅度都在 50%～60%，且随干旱程度的增加可达到100%，并可能因消耗其他水源而产生负产流。吴哲等（2014）应用 InVEST 产水量模型，建立了不同的土地利用变化情景，分析了不同土地利用/覆盖类型下海南产水量的空间分布，发现建设用地扩张占用林地比占用相同面积的耕地，产水量会增加更多。张远东等（2011）通过将以往的径流场和集水区的观测数据结合，应用加权平均插值方法，建立了森林采伐后产水量变化的时间序列，然后使用陆地表面能量平衡算法（surface energy balance algorithm for land，SEBAL）模型等计算了各森林植被类型和年蒸散量及产水量，发现森林可以增加年径流量，但只适用于老龄暗针叶林，不适用于天然次生林和人工营造的云杉林。郭洪伟等（2016）运用 CLUE-S 模型和 InVEST 产水量模块，以山东省南四湖流域为研究对象，探讨了流域生态保护管理情景下土地利用对产水量的影响，发现城市建设用地的增加会促进产水。于婧等评估了大荔县的产水量，发现降水、建设用地扩张与土地利用政策的实施是影响产水量的三大因素（Yu et al.，2015）。

目前应用于产水量分析的水文模型主要有 MIKE system hydrological European（傅春和张强，2008）、基于地形的水文模型（topography based hydrological model，TOPMODEL）（王润等，2005）和水土评价模型（soil and water assessment tool，SWAT）（张银辉，2005）等。这些模型应用范围广，模型精度较高，但是参数繁多，在实际应用中仍然面临很多问题。InVEST 模型对模型参数、特性数据等的要求较低，并且其输入量少，输出量大且有用，同时，基于 ArcGIS 平台，可以将计算后的数据以地图的形式表达。

因此，利用 InVEST 模型的产水量模块计算生态系统的产水服务。InVEST 模型的产水量计算过程基于布迪科曲线（Budyko 曲线）和年平均降水量。根据水量平衡的思想，模型通过计算每个栅格上降水和蒸发量的差值计算栅格产水量。计算公式如式（4-11）所示：

$$Y_{ij} = (1 - E_{ij}/P_{ij}) \times P_{ij} \tag{4-11}$$

其中，Y_{ij} 表示栅格 j 中地类 i 所对应的产水量；P_{ij} 表示栅格 j 中地类 i 所对应的年均降水量；E_{ij} 表示栅格 j 中地类 i 所对应的真实蒸散量。通过 Zhang 等（2001）提出的 Budyko 曲线可以计算出 E_{ij}/P_{ij}，如式（4-12）所示：

$$E_{ij}/P_{ij} = 1 + \text{PE}_{ij}/P_{ij} - \left[1 + \left(\text{PE}_{ij}/P_{ij}\right)^{\alpha_{ij}}\right]^{1/\alpha_{ij}} \tag{4-12}$$

其中，PE_{ij} 表示栅格 j 中地类 i 所对应的潜在蒸散量；α_{ij} 表示自然气候土壤特性的非物理因素。PE_{ij} 可用哈蒙（Hamon）公式计算，如式（4-13）所示：

$$\text{PE}_{\text{Hamon}} = 13.97 \times dD^2 W_t \tag{4-13}$$

其中，d 表示不同月份的天数；D 表示每月平均日照时数（以 12 小时为单位）；W_t 表示饱和水汽密度，计算公式如式（4-14）所示：

$$W_t = \frac{4.95 \times \text{e}^{0.062T}}{100} \tag{4-14}$$

其中，T 表示某月的月均温度（℃），当该月月均温度小于 0℃时，潜在蒸散量为 0，每个栅格按月计算的潜在蒸散量加总得到研究时间内的每年潜在蒸散量。

α_{ij} 计算公式如式（4-15）所示：

$$\alpha_{ij} = Z \times \text{AW}_{ij}/P_{ij} + 1.25 \tag{4-15}$$

其中，Z 是经验常数，常指"季节性因素"；AW_{ij} 表示由土壤质地和有效生根深度决定的植物有效含水量，计算公式如式（4-16）所示：

$$AW_{ij} = \min(Vege.Depth, Root.Depth) \times PAW_{ij} \quad (4\text{-}16)$$

其中，Vege.Depth 表示植被生根深度；Root.Depth 表示土壤的最大根系深度；PAW_{ij} 为植物可利用水分含量，计算公式如式（4-17）所示：

$$PAW_{ij} = 54.509 - 0.132 sand_{ij} - 0.003 sand_{ij}^2 - 0.055 silt_{ij}$$
$$- 0.006 silt_{ij}^2 - 0.738 clay_{ij} + 0.07 clay_{ij}^2 - 2.688 OM_{ij} + 0.501 OM_{ij}^2 \quad (4\text{-}17)$$

其中，$sand_{ij}$ 为土壤中沙砾所占的比重（%）；$silt_{ij}$ 为土壤中粉粒所占的比重（%）；$clay_{ij}$ 为土壤中黏粒所占的比重（%）；OM_{ij} 为土壤中有机质所占的比重（%）。

本书中 $j \in [1,2,3,4,5,6,7,8]$，分别表示耕地、林地、草地、河流、湿地、城市建设用地、农村建设用地和未利用地。

该模型主要用到 4 类数据，包括土地利用数据、高程数据、气象数据、土壤数据（表 4-6）。土地利用数据来源于中国科学院资源环境科学与数据中心，空间分辨率为 1 千米。高程数据源自 SRTM，该任务受美国国家航空航天局和美国国家地理空间情报机构联合资助。SRTM 的 DEM 数据的空间分辨率为美国产品 1 弧秒（30 米）和全球产品 3 弧秒（90 米）。本书中 DEM 数据的空间分辨率为 90 米。气象数据以降水、温度、光照时长等数据为站点数据，来自中国气象台站数据库，详细为年均降水、月均温度和月均光照时长，月均温度和月均光照时长用来计算潜在蒸散量，通过克里金插值，将站点数据转化为空间数据。土壤数据包括土壤中沙砾所占比重、粉粒所占比重、黏粒所占比重、有机质所占比重和土壤的最大根系深度，土壤数据均来自国际土壤参考资料和信息中心。利用 ArcGIS10.2 软件，将上述空间数据的空间分辨率重采样为相同分辨率，以适应模型。

表 4-6　InVEST 产水量模型数据来源

数据	数据来源	数据描述
土地利用数据	中国科学院资源环境科学与数据中心	土地利用数据（栅格形式）
高程数据	SRTM	高程数据
气象数据	中国气象台站数据库	年均降水
		月均温度
		月均光照时长

数据	数据来源	数据描述
土壤数据	国际土壤参考资料和信息中心	土壤沙砾所占比重
		土壤粉粒所占比重
		土壤黏粒所占比重
		土壤有机质所占比重
		土壤的最大根系深度

4.2.6　生态系统服务价值的测算方法

生态系统服务价值（ecosystem services value，ESV）在过去一度被认为是取之不尽的公共资源，谁都可以无成本地使用这部分资源，享受生态系统的服务。这种误解导致了生态环境的损伤、生态系统服务的弱化，以及人居环境质量的下降（Xie et al.，2017）。为了纠正这种误解，改善和提高区域环境质量，为生态环境管理和调控提供依据，越来越多的学者开始关注生态系统服务价值的测算，这个领域逐渐成为研究的热点区域（de Groot et al.，2012）。当前，生态系统服务价值的测算方法主要分为两大类：一类是基于单位服务价格的方法，另一类是基于单位面积价值当量因子的方法（Costanza et al.，2014，1997；Turner et al.，2016）。基于单位服务价格的方法，在明确区域生态系统服务类型的基础上，建立相关服务和区域生态环境指标的经济对应关系，再利用旅行成本法、置换成本法等方法测算生态系统服务价值（de Groot et al.，2012；van Berkel and Verburg，2014；Wang et al.，2014）。基于单位面积价值当量因子的方法是基于可量化的标准构建标准单元上不同生态系统服务的价值当量，再结合各生态系统服务的分布面积进行生态系统服务价值测算（谢高地等，2015）。

基于单位服务价格的方法在实际应用时，一般用于小区域或者单个生态系统服务价值的测算（Farber et al.，2006；Wen et al.，2013）。测算过程中往往需要大量的数据，调试较多的参数，完成复杂的计算过程。这就导致了这种方法应用的复杂性。

基于单位面积价值当量因子的方法与单位服务价格的方法不同，该方法在对大区域、全球的生态系统服务价值进行测算时比较便利，需要测算和校正的参数较少，因此更多地被用于大区域的生态系统服务价值测算（Costanza et al.，

2014，1997）。1997 年，人们首次对全球生态系统服务价值进行货币化估算时利用了当量因子方法，当时的研究者将全球生态系统划分为 10 种，每种生态系统下细分了 17 种生态系统服务。结果表明全球生态系统每年的服务价值是全球国民生产总值（gross national product，GNP）的 1.5 倍，生态系统服务对人类福祉意义重大（Costanza et al.，1997）。

由于当量因子法本身的便利性和它在测算全球生态系统服务价值时的成功应用，很多研究者关注到了这一方法，并将其应用于生态政策评估等方面的研究中（Du and Huang，2017；Lawler et al.，2014；Yi et al.，2017；Zheng et al.，2019）。谢高地等（2003）最先通过向 200 多名专业生态学者发放问卷的方法，将该方法本土化并成功应用于评估青藏高原生态系统服务价值。在接下来的几年间，谢高地等（2008，2015）不断地修正了该方法在生态系统服务价值当量设定等方面的缺陷，该方法也因此在中国生态系统服务价值方面的研究中得到了广泛的应用（刘永强等，2015；赵敏敏等，2017；罗盛锋和闫文德，2018）。考虑到本书的研究区域较大，数据收集难度较高，因此本书选取了基于单位面积的价值当量因子法。

生态系统通过各式各样的服务提供数量众多的产品与服务，生态系统服务价值便是指生态系统为人类提供的产品与服务的价值。价值当量因子法在测算生态系统服务时，将生态系统服务区内的每一寸土地都作为提供生态系统服务的基本功能单元，倘若每个功能单元上各类生态系统服务的价值能被货币量化，那么一个区域总体的生态系统服务价值、各类生态系统的服务价值都能被货币化测算（Costanza et al.，2014，1997；Xie et al.，2017）。

利用价值当量因子法测算生态系统服务价值，首先要对区域生态系统和生态系统服务的类型进行合理的分类。本书使用的土地利用数据最初包括 6 个一级分类，25 个二级分类，如表 4-7 所示。本书将原始土地利用栅格数据重新分类，将区域生态系统划分了六大类：耕地生态系统、林地生态系统、草地生态系统、河流生态系统、湿地生态系统、未利用地生态系统。生态系统服务指的是生态系统提供的各类物质、能量、信息等。根据谢高地等（2008）的方法，将生态系统服务分为 4 个一级服务类别：供给服务、调节服务、支持服务和文化服务。一级服务类别下细分 9 个二级服务：食物生产、原材料生产、气体调节、气候调节、水文调节、废物处理、土壤保持、生物多样性、美学景观。

对生态系统与其服务进行分类后，需要确定标准当量因子的价值。标准当量因子指的是一个特定生态系统基础功能单元提供的自然生态产品、服务的价值量，它是度量其他生态系统服务价值的基准。本书中标准当量因子参考 Xie 等（2017）的设定，指 1 公顷全国平均产量的农田每年自然粮食产量的经济价值，它的计算公式如式（4-18）所示：

$$D = S_r \times F_r + S_w \times F_w + S_c \times F_c \tag{4-18}$$

其中，D 指标准当量因子，S_r、S_w、S_c 指研究区 2000～2020 年稻谷、小麦、玉米的播种面积占 3 种作物总面积的平均百分比（%）；F_r、F_w、F_c 分别表示 2000～2020 年研究区稻谷、小麦、玉米的平均单位面积净利润（元/公顷）。本书根据相关统计资料测算出，D 值为 2204.31 元/公顷。

表 4-7　生态系统分类表

原始土地利用类型		生态系统分类	
1. 耕地	11.旱地	Ⅰ.耕地生态系统	11、12
	12.水田		
2. 林地	21.有林地	Ⅱ.林地生态系统	21、22、23、24
	22.灌木林		
	23.疏林地		
	24.其他林地		
3. 草地	31.高覆盖度草地	Ⅲ.草地生态系统	31、32、33
	32.中覆盖度草地		
	33.低覆盖度草地		
4. 水域	41.河渠	Ⅳ.河流生态系统	41
	42.湖泊		
	43.水库坑塘		
	44.永久性冰川雪地		
	45.滩涂		
	46.滩地		
5. 城乡、工矿、居民用地	51.城镇用地		51、52、53
	52.农村建设用地		
	53.其他建设用地		

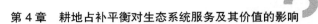

续表

原始土地利用类型		生态系统分类	
6. 未利用土地	61.沙地	Ⅵ.未利用地生态系统	61、61、63、65、66、67
	62.戈壁		
	63.盐碱地		
	64.沼泽地		
	65.裸土地		
	66.裸岩石砾地		
	67.其他		
		Ⅴ.湿地生态系统	42、43、44、45、46、64

　　在确定标准当量因子的基础上，需要进一步明确单位面积生态系统服务价值当量。该价值当量代表不同类型生态系统和它的生态系统服务在研究区的年均价值量，同时通过合理构建该价值当量表，能够使测算结果更好地表现区域生态系统服务价值的时间、空间变动。本书参考谢高地等（2015）的设定，建立价值当量表，如表 4-8 所示。

表 4-8　单位面积生态系统服务价值当量表

一级分类	二级分类	耕地生态系统	林地生态系统	草地生态系统	湿地生态系统	河流生态系统	未利用地生态系统
供给服务	食物生产	1.00	0.33	0.43	0.36	0.53	0.02
	原材料生产	0.39	2.98	0.36	0.24	0.35	0.04
调节服务	气体调节	0.72	4.32	1.50	2.41	0.51	0.06
	气候调节	0.97	4.07	1.56	13.55	2.06	0.13
	水文调节	0.77	4.09	1.52	13.44	18.77	0.07
	废物处理	1.39	1.72	1.32	14.4	14.85	0.26
支持服务	土壤保持	1.47	4.02	2.24	1.99	0.41	0.17
	生物多样性	1.02	4.51	1.87	3.69	3.43	0.40
文化服务	美学景观	0.17	2.08	0.87	4.69	4.44	0.24
	合计	7.90	28.12	11.67	54.77	45.35	1.39

基于标准当量因子和各生态系统服务价值当量，计算得到单位面积生态系统服务价值量（表4-9）。

表 4-9　单位面积生态系统服务价值量　　　　　（单位：元/公顷）

一级分类	二级分类	耕地生态系统	林地生态系统	草地生态系统	湿地生态系统	河流生态系统	未利用地生态系统
供给服务	食物生产	2 204.31	727.42	947.85	793.55	1 168.29	44.09
	原材料生产	859.68	6 568.86	793.55	529.04	771.51	88.17
调节服务	气体调节	1 587.11	9 522.64	3 306.47	5 312.40	1 124.20	132.26
	气候调节	2 138.18	8 971.56	3 438.73	29 868.45	4 540.89	286.56
	水文调节	1 697.32	9 015.64	3 350.56	29 625.98	41 374.97	154.30
	废物处理	3 064.00	3 791.42	2 909.69	31 742.12	32 734.06	573.12
支持服务	土壤保持	3 240.34	8 861.34	4 937.66	4 386.58	903.77	374.73
	生物多样性	2 248.40	9 941.46	4 122.07	8 133.92	7 560.80	881.73
文化服务	美学景观	374.73	4 584.97	1 917.75	10 338.23	9 787.15	529.04
	合计	17 414.07	61 985.31	25 724.33	120 730.27	99 965.64	3 064.00

4.3　2000～2020年耕地占补平衡对生态用地的影响

自改革开放以来，随着我国社会经济的快速发展，工业化、城市化进程明显加快，同时伴随着国家区域发展与生态保护战略的实施与调整，我国土地利用格局发生了明显的变化（Liu et al.，2005，2010），土地利用格局的变化对生态系统服务产生显著的影响（Jiang et al.，2016；　Li et al.，2016b；Song and Deng，2017）。本书利用我国2000年、2010年、2020年三期土地利用数据，分析了2000～2020年我国生态系统服务价值总量、各生态系统服务价值以及生态系统服务价值的时空变化趋势，探索我国生态系统服务价值的变化特征。

本书的土地利用数据来源于中国科学院资源环境科学与数据中心，该数据包括6个一级地类和25个二级地类。本书根据研究需要，将所有数据重新分为

8 个大类：耕地、林地、草地、河流、湿地、城市建设用地、农村建设用地、未利用地。土地利用变化对区域环境影响重大（Bateman et al., 2013；Lawler et al., 2014；Liu et al., 2010），本书基于 2000 年、2010 年、2020 年土地利用数据，对各地类的面积及变化状况进行了初步分析（表 4-10）。

2000～2010 年，城市建设用地、农村建设用地面积较初期有大幅度的提高，城市面积增长 29 910 平方千米，增长比例为 94.29%；农村建设用地面积增长 26 561 平方千米，增长比例为 19.07%。耕地面积呈下降趋势（减少 9551 平方千米，−0.53%）；河流面积增长 9509 平方千米，增长比例为 28.86%；湿地增加了 43 958 平方千米，增加的比例为 14.17%；未利用地增加了 188 548 平方千米；林地面积有小幅度上升（48 766 平方千米，2.21%）；草地损失面积较大，减少 337 048 平方千米（−11.22%）。

2010～2020 年，城市建设用地与农村建设用地面积持续上升，增加面积较上一时期减少，增长比例分别为 16.70%（10 294 平方千米）、15.76%（26 140 平方千米），这从侧面体现了我国经济的持续快速发展。耕地面积在该期间下降了 1.51%（26 936 平方千米）；林地减少了 0.43%（9775 平方千米）；草地面积略有增加，增加了 46 117 平方千米（1.73%），说明退耕还草政策在发挥作用；湿地面积有较大幅度的下降，下降面积为 18 517 平方千米。

表 4-10　2000～2020 年我国各地类的面积变化

地类	各土地利用类型面积/千米^2			变动率/%	
	2000 年	2010 年	2020 年	2000～2010 年	2010～2020 年
耕地	1 788 127	1 778 576	1 751 640	−0.53	−1.51
林地	2 211 149	2 259 915	2 250 140	2.21	−0.43
草地	3 005 274	2 668 226	2 714 343	−11.22	1.73
河流	32 952	42 461	44 123	28.86	3.91
湿地	310 180	354 138	335 621	14.17	−5.23
未利用地	1 915 575	2 104 123	2 076 501	9.84	−1.31
城市建设用地	31 720	61 630	71 924	94.29	16.70
农村建设用地	139 281	165 842	191 982	19.07	15.76

2000～2010 年，共有 122 345 平方千米耕地因城市和农村建设被占用，其

中城市建设用地占用耕地 23 819 平方千米，农村建设用地占用耕地 98 526 平方千米。在这十年中共有 443 308 平方千米补充耕地，其中林地转为耕地的面积最多，为 219 503 平方千米；其次是草地，为 176 807 平方千米；湿地和未利用地分别为 30 579 平方千米和 16 419 平方千米（表 4-11）。

2010～2020 年，共有 127 458 平方千米耕地因城市和农村建设被占用，其中城市建设用地占用耕地 16 893 平方千米，相较于上一阶段有所减少。农村建设用地占用耕地 110 565 平方千米，表明农村发展建设速度较快。在这十年中共有 430 745 平方千米补充耕地，其中林地转为耕地的面积最多，为 230 242 平方千米；其次是草地，为 157 425 平方千米；湿地和未利用地分别为 31 223 平方千米和 11 855 平方千米（表 4-11）。

表 4-11　耕地占补平衡对生态用地的影响　　　（单位：千米^2）

年份	耕地占用来源		耕地补充来源			
	城市建设用地	农村建设用地	林地	草地	湿地	未利用地
2000～2010	23 819	98 526	219 503	176 807	30 579	16 419
2010～2020	16 893	110 565	230 242	157 425	31 223	11 855

4.4　2000～2020 年耕地占补平衡对生态系统服务的影响

4.4.1　2000～2020 年耕地占补平衡对生境质量的影响

为了进一步探索耕地占补平衡对生境质量带来的影响，本书基于 InVEST 模型和 ArcGIS 的空间分析工具，探索了 2000～2010 年和 2010～2020 年两个时段耕地占补平衡对生境质量所带来的影响，两时段我国 31 个省（自治区、直辖市）耕地占补平衡下的生境质量指数变化如表 4-12 所示。

表 4-12　2000～2010 年、2010～2020 年我国 31 个省（自治区、直辖市）耕地占补平衡下的生境质量指数变化

省（自治区、直辖市）	2000～2010 年	2010～2020 年
北京	−5.57	−3.58

续表

省（自治区、直辖市）	2000～2010 年	2010～2020 年
天津	−4.76	−1.78
河北	−71.36	−71.51
山西	−109.01	−108.8
内蒙古	−233.48	−236.3
辽宁	−105.68	−108.55
吉林	−97.42	−107.77
黑龙江	−222.86	−210.1
上海	−0.75	−0.77
江苏	−20.22	−25.66
浙江	−57.26	−60.17
安徽	−55.73	−62.22
福建	−80.35	−86.52
江西	−142.88	−147.5
山东	−63.2	−41.08
河南	−43.99	−39.77
湖北	−133.24	−140.53
湖南	−202.25	−208.31
广东	−110.66	−120.49
广西	−146.35	−156.25
海南	−25.95	−26.82
重庆	−85.71	−84.93
四川	−211.75	−208.8
贵州	−201.68	−204.72
云南	−208.44	−233.2
西藏	−35.96	−21.11
陕西	−148.81	−150.12
甘肃	−127.41	−128.4
青海	−15.74	−14.76
宁夏	−27.26	−26.49
新疆	−129.27	−94.67
总计	−3 125	−3 131.68

4.4.1.1　2000～2010 年耕地占补平衡对我国生境质量的影响

2000～2010 年，由耕地占补平衡所造成的全国范围内的生境质量指数下降高达 3125，各省（自治区、直辖市）生境质量指数值平均下降 100.81，我国 31 个省（自治区、直辖市）均表现出生境质量指数的下降。其中，生境质量指数下降较大的为内蒙古、黑龙江和四川，从结果来看，这一时期的耕地占补平衡令其生境质量指数分别下降了 233.48、222.86 和 211.75。这一时期生境质量指数下降幅度较小的分别是上海、天津和北京，分别下降了 0.75、4.76 和 5.57。

从生境质量指数变化的值域分布来看，下降的区域表现出明显的三个层级：生境质量指数下降≤10、10<生境质量指数下降≤100、生境质量指数下降>100。其中生境质量指数下降≤10 的按照生境质量指数下降从高到低分别是北京、天津和上海，这一值域区间的生境质量指数下降总值达到 11.08；而 10<生境质量指数下降≤100 的省（自治区、直辖市）共有 13 个，按照生境质量指数下降从高到低分别是吉林、重庆、福建、河北、山东、浙江、安徽、河南、西藏、宁夏、海南、江苏和青海，这一值域区间的生境质量指数下降总值达到 680.15；而生境质量指数下降>100 的省（自治区、直辖市）共有 15 个，按照生境质量指数下降从高到低分别是内蒙古、黑龙江、四川、云南、湖南、贵州、陕西、广西、江西、湖北、新疆、甘肃、广东、山西和辽宁，这一值域区间生境质量指数下降总值达到 2433.77。

从地域分布来看，这一时期我国 31 个省（自治区、直辖市）的生境质量变化状况在空间上主要表现出低下降值域的空间集聚，其中生境质量指数下降值在 146.35～208.44 的区域集聚最为明显，主要集聚于我国的西部地区，其次为生境质量指数下降值在 0.75～20.22 的区域，主要集聚于我国的东部区域。统计发现，我国东部地区由耕地占补平衡而造成的生境质量指数下降总量达到 440.08，中部地区由耕地占补平衡造成的生境质量指数下降总量达到 687.10，西部地区由耕地占补平衡造成的生境质量指数下降总量达到 1571.86，东北地区由耕地占补平衡造成的生境质量指数下降总量达到 425.96。因此，西部地区在这一时段的生境质量指数下降最为严重。

4.4.1.2　2010～2020 年耕地占补平衡对我国生境质量的影响

2010～2020 年，由耕地占补平衡所造成的全国范围内的生境质量指数下降高达 3131.68，各省（自治区、直辖市）生境质量指数值平均下降 101.02，较

2000～2010 年的生境质量指数下降速度加快。我国 31 个省（自治区、直辖市）均表现出生境质量指数的下降。其中，生境质量指数下降最大的区域为内蒙古、云南和黑龙江，从结果来看，这一时期内的耕地占补平衡令其生境质量指数分别下降了 236.3、233.2 和 210.1。这一时期，由耕地占补平衡导致的生境质量指数下降较低的是上海、天津和北京，分别下降了 0.77、1.78 和 3.58。

从生境质量指数下降的值域分布来看，下降的区域表现出明显的 3 个层级：生境质量指数下降≤10、10<生境质量指数下降≤100、生境质量指数下降>100。其中生境质量指数下降≤10 的省（自治区、直辖市）按照生境质量指数下降从高到低分别是北京、天津和上海，这一值域区间的生境质量指数下降总值仅有 6.13；10<生境质量指数下降≤100 的省（自治区、直辖市）共有 13 个，按照生境质量指数下降从高到低分别是新疆、福建、重庆、河北、安徽、浙江、山东、河南、海南、宁夏、江苏、西藏和青海，这一值域区间的生境质量指数下降总值达到 655.71；而生境质量指数下降>100 的省（自治区、直辖市）共有 15 个，按照生境质量指数下降从高到低分别是内蒙古、云南、黑龙江、四川、湖南、贵州、广西、陕西、江西、湖北、甘肃、广东、山西、辽宁和吉林，这一值域区间生境质量指数下降总值达到 2469.84。

从地域分布来看，这一时期我国 31 个省（自治区、直辖市）的生境质量变化状况在空间上表现出明显的空间集聚。其中，生境质量指数下降值在 0.77～41.08 的区域集聚最为明显，主要集聚于我国的东部地区；其次为生境质量指数下降值在 204.72～233.2 的区域，主要集聚于我国的西部区域。统计发现，我国东部地区由于耕地占补平衡而造成的生境质量指数下降总量达到 438.38，中部地区由于耕地占补平衡而造成的生境质量指数下降总量达到 707.13，西部地区由于耕地占补平衡而造成的生境质量指数下降总量达到 1559.75，东北地区由耕地占补平衡而造成的生境质量指数下降总量达到 426.42。因此，西部地区在这一时段的生境质量指数下降最为严重。

4.4.2　2000～2020 年耕地占补平衡对生态系统碳储存服务的影响

4.4.2.1　2000～2020 年生态系统碳储存服务的时空格局演变

1）2000～2010 年生态系统碳储存服务的演变

基于 InVEST 模型，得到 2000 年我国生态系统碳储量为 106 695.90 百万吨，

2010 年我国生态系统碳储量上升为 106 854.57 百万吨。2000～2010 年，我国 31 个省（自治区、直辖市）的碳储量变化如表 4-13 所示。总体而言，大部分省（自治区、直辖市）的碳储量有所增加，其中内蒙古的碳储量增加幅度最大，为 504.82 百万吨，其次为青海，其碳储量增加了 154.28 百万吨，而北京、辽宁、黑龙江、山东、江苏等的碳储量增加在 100 百万吨以内；其他省（自治区、直辖市）的碳储量均呈现不同程度的损失，其中，新疆的碳储量损失最严重，10 年内减少了 450.76 百万吨，其次为西藏，其碳储量减少了 163.31 百万吨，河北、河南的碳储量分别减少了 20.77 百万吨、17.12 百万吨，除此之外其他省（自治区、直辖市）的碳储量减少都在 15 百万吨以下。

2）2010～2020 年生态系统碳储存服务的演变

基于 InVEST 模型，得到 2010 年我国生态系统碳储量为 106 854.57 百万吨，而 2020 年我国生态系统碳储量为 106 471.98 百万吨。2010～2020 年我国 31 个省（自治区、直辖市）的碳储量变化如表 4-13 所示。大多数省（自治区、直辖市）的碳储量有所减少，其中碳储量减少最多的是内蒙古，减少量为 526.49 百万吨，其次为黑龙江，碳储量减少了 60.25 百万吨；大多数省（自治区、直辖市）的碳储量减少在 10 百万吨之内，例如山西、河南的碳储量分别减少了 3.17 百万吨、0.06 百万吨，广西、广东的碳储量分别减少了 2.01 百万吨、7.83 百万吨。碳储量增加的主要有山东、西藏、云南等，其中碳储量增加最多的是青海。

表 4-13　2000～2010 年、2010～2020 年我国 31 个省（自治区、直辖市）碳储量变化

（单位：百万吨）

省（自治区、直辖市）	2000～2010 年	2010～2020 年
北京	39.56	0.2
天津	−9.84	5.9
河北	−20.77	19.34
山西	−4.3	−3.17
内蒙古	504.82	−526.49
辽宁	27.65	1.16
吉林	−8.13	−13.28
黑龙江	23.82	−60.25
上海	−11.27	7.33
江苏	16.03	3.65

续表

省（自治区、直辖市）	2000～2010 年	2010～2020 年
浙江	−1.89	−2.6
安徽	−2.25	−1.25
福建	0.49	0.24
江西	−10.46	−9.66
山东	14.78	11.17
河南	−17.12	−0.06
湖北	19.05	1.14
湖南	0.14	−7.87
广东	−8.2	−7.83
广西	2.76	−2.01
海南	1.69	−0.5
重庆	9.94	5.32
四川	−0.44	−1.13
贵州	15.07	−12.62
云南	10.6	18.23
西藏	−163.31	49.01
陕西	10.34	4.75
甘肃	11.94	11.28
青海	154.28	64.55
宁夏	4.47	2.16
新疆	−450.76	60.71
总计	158.69	−382.58

4.4.2.2　2000～2020 年耕地占补平衡对生态系统碳储存服务的影响

为了探索耕地占补平衡对生态系统碳储存服务的影响，本书基于 ArcGIS 空间分析工具和 InVEST 模型中的碳储量模块分别测算了 2000～2010 年、2010～2020 年耕地占补平衡对我国碳储存服务的影响，如表 4-14 所示。

表 4-14　耕地占补平衡作用对我国 31 个省（自治区、直辖市）碳储量的影响

（单位：百万吨）

省（自治区、直辖市）	2000～2010 年	2010～2020 年
北京	0.03	0.06
天津	−0.94	−1.41
河北	−13.65	−12.72
山西	−10.54	−11.9
内蒙古	−28.78	−32.77
辽宁	−42.58	−44.73
吉林	−95.69	−99.03
黑龙江	−12.31	−22.88
上海	0	0
江苏	−17.54	−14.93
浙江	−7.34	−10.93
安徽	−42.85	−39.91
福建	−65.14	−75.11
江西	−75.32	−82.93
山东	−58.37	−57.99
河南	−42.14	−36.45
湖北	−46.52	−45.22
湖南	−107.72	−113.52
广东	−146.58	−149.85
广西	−166.37	−174.03
海南	−16.07	−16.76
重庆	−13.85	−13.49
四川	−14.26	−17.2
贵州	−88.55	−90.95
云南	−68.52	−73.66
西藏	−4.39	−0.75
陕西	−9.25	−8.71
甘肃	−1.23	−3.94
青海	3.4	1.53

续表

省（自治区、直辖市）	2000～2010 年	2010～2020 年
宁夏	0.33	0.21
新疆	7.96	0.08
总计	−1 184.78	−1 249.89

1）2000～2010 年耕地占补平衡对生态系统碳储存服务的影响

通过 ArcGIS 空间分析工具和 InVEST 模型得到，在耕地占补平衡作用下，2000 年我国生态系统碳储量为 106 695.90 百万吨，2010 年的生态系统碳储量为 106 854.57 百万吨，2000～2010 年耕地占补平衡导致我国生态系统碳储量共减少 1184.78 百万吨，即耕地占补平衡作用占比为–746.69%。耕地占补平衡导致我国大多数省（自治区、直辖市）的碳储量减少，其中受影响最严重的是广西，其碳储量减少 166.37 百万吨，其次是广东、湖南、吉林等地，其碳储量分别减少 146.58 百万吨、107.72 百万吨、95.69 百万吨；而耕地占补平衡对新疆、宁夏、青海、北京等产生积极的影响，即新疆、宁夏、青海、北京的碳储量在耕地占补平衡作用下有所增加，分别增加 7.96 百万吨、0.33 百万吨、3.40 百万吨、0.03 百万吨；耕地占补平衡对上海并未产生影响。

2）2010～2020 年耕地占补平衡对生态系统碳储存服务的影响

通过 ArcGIS 空间分析工具和 InVEST 模型得到，在耕地占补平衡作用下，2010 年我国生态系统碳储量为 106 854.57 百万吨，2020 年生态系统碳储量减少为 106 471.98 百万吨，2010～2020 年耕地占补平衡导致我国生态系统碳储量共减少 1249.89 百万吨，即耕地占补平衡作用占比为 326.69%。耕地占补平衡导致我国大多数省（自治区、直辖市）的碳储量减少，其中最严重的是广西，其碳储量减少 174.03 百万吨，其次是广东、湖南、吉林、贵州等地，其碳储量分别减少了 149.85 百万吨、113.52 百万吨、99.03 百万吨、90.95 百万吨；而耕地占补平衡作用对新疆、宁夏、青海和北京产生积极的影响，即新疆、宁夏、青海、北京的碳储量在耕地占补平衡作用下有所增加，分别增加 0.08 百万吨、0.21 百万吨、1.53 百万吨、0.06 百万吨；耕地占补平衡作用对上海并未产生影响。

4.4.3 2000～2020年耕地占补平衡对生态系统水土保持服务的影响

本书借助 InVEST 模型和 ArcGIS 的空间分析工具，探索了 2000～2010 年和 2010～2020 年两个时段耕地占补平衡对生态系统水土保持服务的影响，两时段我国 31 个省（自治区、直辖市）耕地占补平衡下的水土保持变化如表 4-15 所示。

表 4-15　2000～2020 年我国 31 个省（自治区、直辖市）耕地占补平衡下的水土保持变化

（单位：10^8 吨）

省（自治区、直辖市）	2000～2010 年	2010～2020 年
北京	−0.86	−1.83
天津	−2.21	−3.75
河北	−41.04	−65.76
山西	−18.08	−44
内蒙古	−64.29	−106.92
辽宁	−85.8	−43.95
吉林	−40.62	−24.91
黑龙江	−23.27	−55.46
上海	−2.79	−2.4
江苏	−24.96	−59.3
浙江	−127.61	34.64
安徽	−57.27	−44.14
福建	−164.55	145.86
江西	−141.01	37.74
山东	−38.71	−52.71
河南	−5.83	−33.02
湖北	−30.13	−142.42
湖南	−76.91	−83.14
广东	−79.5	−21.96
广西	−30.78	−39.57

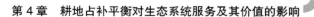

续表

省（自治区、直辖市）	2000～2010 年	2010～2020 年
海南	−13.51	−26.04
重庆	26.65	−124.48
四川	−22.07	−169.91
贵州	32.87	−187.5
云南	118.94	−23.41
西藏	−6.97	34.72
陕西	−27.83	−73.2
甘肃	−45.2	−67.99
青海	−2.65	−2.98
宁夏	−12.77	−18.71
新疆	−5.72	−4.28
总计	−1 014.48	−1 270.78

4.4.3.1　2000～2010 年耕地占补平衡对生态系统水土保持服务的影响

基于 ArcGIS 的空间分析可知，2000～2010 年，我国耕地占补平衡所带来的水土保持服务整体呈现出下降趋势，水土保持服务损失总值为 $1014.48×10^8$ 吨。我国 31 个省（自治区、直辖市）中，共有 28 个省（自治区、直辖市）的水土保持服务由于耕地占补平衡而呈现下降状态，其中水土保持服务损失较大的为福建、江西和浙江，这一时段内水土保持服务损失分别为 $164.55×10^8$ 吨、$141.01×10^8$ 吨和 $127.61×10^8$ 吨；而水土保持服务损失较小的是北京、天津和青海，水土保持服务的损失量分别为 $0.86×10^8$ 吨、$2.21×10^8$ 吨和 $2.65×10^8$ 吨。有 3 个省（自治区、直辖市）的水土保持服务上升，其中上升最多的是云南，上升了 $118.94×10^8$ 吨。这一时段内，我国 28 个水土保持服务下降的省（自治区、直辖市）的损失，表现出 3 个明显的值域分布：水土保持服务损失量 $≤10×10^8$ 吨、$10×10^8$ 吨<水土保持服务损失量 $≤100×10^8$ 吨、水土保持服务损失量>$100×10^8$ 吨。其中处于水土保持服务损失量 $≤10×10^8$ 吨的省（自治区、直辖市）总共有 7 个，按损失量从高到低分别为西藏、河南、新疆、上海、青海、天津和北京，这一值域内的服务损失总量仅有 $27.03×10^8$ 吨；而 $10×10^8$ 吨 $≤$ 水土保持服务损失量<100×10^8 吨的省（自治区、直辖市）总共有 18 个，按损失量从高到低分别为辽宁、广东、湖南、内蒙古、安徽、甘肃、河北、吉林、山东、广西、湖北、陕西、江苏、黑龙江、四川、山西、海南和宁夏，这一值域内的服务损失总量达到 732.74×10^8 吨；水土保持服务损失量>100×10^8 吨的省（自治区、直辖市）按损失量从高到低分别是福建、江西和浙江，这一值域内的水土保持服务损失总量达到 433.17×10^8 吨。受到耕地占补平衡影响水土保持服务呈现上升状态的省（自治区、直辖市）共有 3 个，值域分布为 26.65×10^8～118.94×10^8 吨，按照服务增加量从低到高分别是重庆、贵州和云南。

统计发现，我国东部地区由耕地占补平衡而造成的水土保持服务损失总量达到 495.74×10^8 吨，中部地区由耕地占补平衡而造成的水土保持服务损失总量达到 329.23×10^8 吨，东北地区由耕地占补平衡而造成的水土保持服务损失总量达到 149.69×10^8 吨，西部地区由耕地占补平衡而造成的水土保持服务上升总量达到 37.82×10^8 吨。因此，东部地区在这一时段的水土保持服务总量下降最为严重。但由于东部、中部、西部和东北地区自身的范围有明显差异，从平均水平来看，东部地区由耕地占补平衡所造成的水土保持服务损失的平均水平为 678 994 吨/千米^2，中部地区由耕地占补平衡所造成的水土保持服务损失的平均水平为 346 055 吨/千米^2，西部地区由耕地占补平衡所造成的水土保持服务上升的平均水平为 22 063 吨/千米^2，东北地区由耕地占补平衡所造成的水土保持服务损失的平均水平为 336 844 吨/千米^2，东部地区水土保持服务损失最为显著。

4.4.3.2　2010～2020 年耕地占补平衡对生态系统水土保持服务的影响

基于 ArcGIS 的空间分析可知，2010～2020 年，我国耕地占补平衡所带来的水土保持服务整体呈现出下降趋势，水土保持服务损失总值为 1270.78×10^8 吨。我国 31 个省（自治区、直辖市）中，共有 27 个省（自治区、直辖市）的水土保持服务由于耕地占补平衡而呈现下降状态，其中水土保持服务损失较大的为贵州、四川和湖北，这一时段内水土保持服务损失量分别为 187.5×10^8 吨、169.91×10^8 吨和 142.42×10^8 吨；而水土保持服务损失较小的是北京、上海和青海，水土保持服务的损失量分别为 1.83×10^8 吨、2.4×10^8 吨和 2.98×10^8 吨；有 4 个省（自治区、直辖市）的水土保持服务上升，其中上升最多的是福建，上升了 145.86×10^8 吨。这一时段内，我国 27 个水土保持服务下降的省（自治区、直辖市）的损失，表现出 3 个明显的值域分布：水土保持服务损失量≤10×10^8 吨、10×10^8 吨<水土保持服务损失量≤100×10^8 吨、水土保持服务损失量>100×10^8 吨。其中处于水土保持服务损失量≤10×10^8 吨的按损失量从高到低分别为新疆、天津、青海、上海和北京，这一值域内的服务损失总量仅有 15.24×10^8 吨；10×10^8 吨<水土保持服务损失量≤100×10^8 吨的省（自治区、直辖市）总共有 17 个，按损失量从高到低分别为湖南、陕西、甘肃、河北、江苏、黑龙江、山东、安徽、山西、辽宁、广西、河南、海南、吉林、云南、广东和宁夏，这一值域内的服务损失总量达到 777.27×10^8 吨；水土保持服务损失量>100×10^8 吨的省（自治区、直辖市）有 5 个，按损失量从高到低分别是贵州、四川、湖北、重庆和内蒙古，这一值域内的水土保持服务损失总量达到 731.23×10^8 吨。受到耕地占补平衡影响水土保持服务呈现上升状态的省（自治区、直辖市）共有 4 个，值域分布为 34.64×10^8～145.86×10^8 吨，按照服务增加量从低到高分别是浙江、西藏、江西和福建。

统计发现，我国东部地区由耕地占补平衡而造成的水土保持服务损失总量达到 53.25×10^8 吨，中部地区由耕地占补平衡而造成的水土保持服务损失总量达到 308.98×10^8 吨，西部地区由耕地占补平衡而造成的水土保持服务损失总量达到 784.23×10^8 吨，东北地区由耕地占补平衡而造成的水土保持服务损失总量达到 124.32×10^8 吨。因此，西部地区在这一时段的水土服务服务总量下降最为严重，与 2000～2010 年的水土保持服务差异存在显著的区别。但由于东部、中部、西部、东北地区自身的范围有明显差异，从平均水平来看，东部地区由耕地占补平衡所造成的水土保持服务损失的平均水平为 569 587 吨/千米^2，中部地区由耕地占补平衡所造成的水土保持服务损失的平均水平为 293 908 吨/千米^2，西部地区由耕地占补平衡所造成的水土保持服务损失的平均水平为 18 859 吨/千米^2，东北地区由耕地占补平衡所造成的水土保持服务损失的平均水平为 261 774 吨/千米^2，东部地区水土保持服务损失最为显著。

4.4.4　对生态系统水质净化服务的影响

为了进一步探索耕地占补平衡对生态系统水质净化带来的影响，本书基于 InVEST 模型和 ArcGIS 的空间分析工具，探索了 2000～2010 年和 2010～2020 年两个时段耕地占补平衡对水质净化所带来的影响，主要用耕地占补平衡对各省（自治区、直辖市）氮磷输出量的影响来表示，结果如表 4-16 所示。

4.4.4.1 2000～2010 年耕地占补平衡对水质净化的影响

2000～2010 年，由耕地占补平衡所造成的全国范围内的氮磷输出量增加 87 635.40 吨。我国 31 个省（自治区、直辖市）中，绝大部分省级行政区的氮磷输出量增加，仅 4 个省（自治区、直辖市）的氮磷输出量有所减少。其中氮磷输出量增加较多的为江西、湖南和云南，从结果来看，这一时期内的耕地占补平衡使得其氮磷输出量分别增加 8752.88 吨、8345.54 吨和 7289.21 吨；氮磷输出量减少较多的为河南、江苏和上海，分别减少了 1620.84 吨、467.38 吨和 23.16 吨。

从氮磷输出量的值域分布来看，根据数值划分为 5 个层级：氮磷输出量增加≤0 吨、0 吨<氮磷输出量增加≤500 吨、500 吨<氮磷输出量增加≤1000 吨、1000 吨<氮磷输出量增加≤5000 吨和 5000 吨<氮磷输出量增加≤10 000 吨。其中，处于氮磷输出量增加≤0 吨的共有 4 个省（自治区、直辖市），这一值域区间的氮磷输出量共减少 2116.30 吨；处于 0 吨<氮磷输出量增加≤500 吨的共有 5 个省（自治区、直辖市），按增加量从低到高分别是北京、山东、宁夏、海南、青海，这一值域区间的氮磷输出量共增加 1593.86 吨；处于 500 吨<氮磷输出量增加≤1000 吨的按增加量从低到高分别是河北和安徽，这一值域区间的氮磷输出量共增加 1579.36 吨；处于 1000 吨<氮磷输出量增加≤5000 吨的共有 14 个省（自治区、直辖市），按增加量从低到高分别是西藏、新疆、山西、浙江、吉林、辽宁、重庆、甘肃、广东、黑龙江、湖北、内蒙古、福建、陕西，这一值域区间的氮磷输出量共增加 43 155.11 吨；处于 5000 吨<氮磷输出量增加≤10 000 吨的共有 6 个省（自治区、直辖市），按增加量从低到高分别是广西、贵州、四川、云南、湖南、江西，这一值域区间的氮磷输出量共增加 43 423.37 吨。

从地域分布来看，耕地占补平衡政策下我国 31 个省（自治区、直辖市）氮磷输出量变化存在南高北低的特点，增加最多的一级主要分布在我国西南部，1000 吨<氮磷输出量增加≤5000 吨一级分散在北部和东南部的沿海地区，增加 500 吨<氮磷输出量增加≤1000 吨和 0 吨<氮磷输出量增加≤500 吨两级主要集中在我国西北和华北地区，氮磷输出量增加≤0 吨一级主要集中分布在我国东部地区。统计发现，我国东部地区由耕地占补平衡政策而造成的氮磷输出量共

增加 10 904.72 吨，中部地区由耕地占补平衡政策而造成氮磷输出量共增加 22 116.02 吨，西部地区由耕地占补平衡政策而造成的氮磷输出量共增加 45 706.30吨，东北地区由耕地占补平衡政策而造成的氮磷输出量共增加8908.36 吨。因此，由耕地占补平衡政策而造成的氮磷输出量增加情况为西部>中部>东部>东北。

4.4.4.2　2010～2020 年耕地占补平衡对水质净化的影响

2010～2020 年，耕地占补平衡所造成的全国范围内的氮磷输出量增加 84 565.48 吨。我国 31 个省（自治区、直辖市）中，绝大部分省级行政区的氮磷输出量增加，仅 3 个省（自治区、直辖市）的氮磷输出量有所减少。其中氮磷输出量增加较多的为湖南、贵州和云南，从结果来看，这一时期内的耕地占补平衡使得其氮磷输出量分别增加 8162.28 吨、7992.87 吨和 7503.41 吨；氮磷输出量减少的为天津、北京和上海，分别减少了 48.22 吨、13.60 吨和 4.97 吨。

从氮磷输出量的值域分布来看，根据数值划分为 5 个层级：氮磷输出量增加≤0 吨、0 吨<氮磷输出量增加≤500 吨、500 吨<氮磷输出量增加≤1000 吨、1000 吨<氮磷输出量增加≤5000 吨和 5000 吨<氮磷输出量增加≤10 000 吨。其中，处于氮磷输出量增加≤0 吨的共有 3 个省（自治区、直辖市），这一值域区间的氮磷输出量共减少 66.79 吨；处于 0 吨<氮磷输出量增加≤500 吨的共有 6 个省（自治区、直辖市），按增加量从低到高分别是江苏、山东、河南、青海、新疆、宁夏，这一值域区间的氮磷输出量共增加 1853.02 吨；处于 500 吨<氮磷输出量增加≤1000 吨的按增加量从低到高分别是海南、西藏、河北，这一值域区间的氮磷输出量共增加 1839.50 吨；处于 1000 吨<氮磷输出量增加≤5000 吨的共有 12 个省（自治区、直辖市），按增加量从低到高分别是辽宁、吉林、浙江、安徽、山西、福建、重庆、广东、甘肃、内蒙古、黑龙江、陕西，这一值域区间的氮磷输出量共增加 34 473.34 吨；处于 5000 吨<氮磷输出量增加≤10 000 吨的共有 7 个省（自治区、直辖市），按增加量从低到高分别是广西、湖北、江西、四川、云南、贵州、湖南，这一值域区间的氮磷输出量共增加 46 466.41 吨。

从地域分布来看，耕地占补平衡政策下我国 31 个省（自治区、直辖市）氮磷输出量变化存在南北分散的特点，增加最多的一级主要分布在我国西南部，1000 吨<氮磷输出量增加≤5000 吨一级分散在北部、东北部和东南部的沿海地

区，500 吨<氮磷输出量增加≤1000 吨和 0 吨<氮磷输出量增加≤500 吨两级主要集中在我国西北、西南、华北和华东地区，氮磷输出量增加≤0 吨一级主要集中分布在我国华北地区。统计发现，我国东部地区由耕地占补平衡政策而造成的氮磷输出量共增加 9371.21 吨，中部地区由耕地占补平衡政策而造成的氮磷输出量共增加 23 386.14 吨，西部地区由耕地占补平衡政策而造成的氮磷输出量共增加 44 890.26 吨，东北地区由耕地占补平衡政策而造成的氮磷输出量增加了 6917.87 吨。因此，由耕地占补平衡政策而造成的氮磷输出量增加情况为西部>中部>东部>东北。

表 4-16　2000～2010 年、2010～2020 年耕地占补平衡对我国 31 个省（自治区、直辖市）氮磷输出量的影响

（单位：吨）

省（自治区、直辖市）	2000～2010 年	2010～2020 年
北京	29.32	−13.60
天津	−4.92	−48.22
河北	771.05	807.39
山西	1 956.22	2 537.12
内蒙古	4 000.41	4 389.87
辽宁	2 841.35	1 084.54
吉林	2 266.73	1 395.78
黑龙江	3 800.28	4 437.55
上海	−23.16	−4.97
江苏	−467.38	141.53
浙江	2 108.66	1 426.11
安徽	808.31	1 559.31
福建	4 323.11	3 018.43
江西	8 752.88	5 510.70
山东	186.45	189.55
河南	−1 620.84	238.39
湖北	3 873.91	5 378.34
湖南	8 345.54	8 162.28

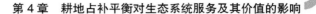

续表

省（自治区、直辖市）	2000~2010 年	2010~2020 年
广东	3 521.66	3 351.02
广西	5 499.85	5 141.22
海南	459.93	503.97
重庆	2 878.08	3 166.48
四川	6 825.56	6 777.59
贵州	6 710.33	7 992.87
云南	7 289.21	7 503.41
西藏	1 660.97	528.14
陕西	4 783.25	4 589.69
甘肃	3 420.91	3 517.44
青海	477.70	371.35
宁夏	440.46	489.92
新疆	1 719.57	422.28
总计	87 635.40	84 565.48

4.4.5　2000~2020 年耕地占补平衡对生态系统产水服务的影响

为了探索 2000~2020 年耕地占补平衡对生态系统产水服务的影响，本小节分析了 2000~2010 年和 2010~2020 年的土地利用数据，得到了两个研究时段耕地占补平衡政策所侵占、补充耕地的面积及其对我国平均产水量的影响，结果如图 4-1 和图 4-2 所示。2000~2010 年我国侵占耕地 122 345 平方千米，造成我国生态系统的平均产水量下降 74.54 毫米，补充耕地 443 308 平方千米，造成我国生态系统的平均产水量增加 66.56 毫米，最终表现为平均产水量下降 7.98 毫米；2010~2020 年我国侵占耕地 127 458 平方千米，导致我国生态系统的平均产水量下降 75.60 毫米，补充耕地 430 745 平方千米，导致我国生态系统的平均产水量增加 0.16 毫米，最终表现为平均产水量下降 75.44 毫米。由此可以看出，虽然补充耕地的数量要远大于侵占耕地的数量，但总体上我国生态系统的平均产水量仍然表现为下降趋势。

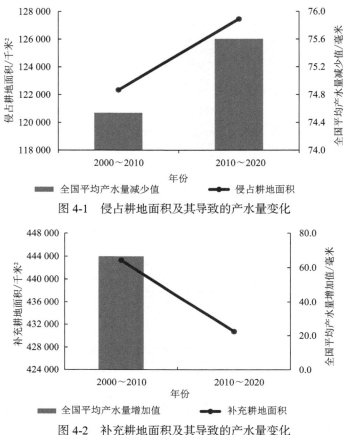

图 4-1　侵占耕地面积及其导致的产水量变化

图 4-2　补充耕地面积及其导致的产水量变化

　　对比耕地占补平衡对我国产水量的影响发现，不同时期影响较为不同。表 4-17 给出了我国 2000~2010 年和 2010~2020 年耕地占补平衡政策对产水量影响的省域分布情况。在 2000~2010 年，耕地占补平衡政策在大多数省（自治区、直辖市）导致了产水量的增加，最多的增加量为 440.29 毫米，而在少数省（自治区、直辖市）导致了产水量的下降，最多的减少量为 349.31 毫米。在 2010~2020 年，耕地占补平衡政策的实施导致我国产水量下降的省（自治区、直辖市）的数量出现了明显的增加，产水量上升最高的省（自治区、直辖市）产水量升高了 199.01 毫米，产水量下降最多的省（自治区、直辖市）产水量下降了 477.94 毫米。其中，湖北、江苏、贵州、重庆和黑龙江上升情况最为明显，福建、江西、浙江和广东等下降幅度较为明显。

表 4-17　2000～2010 年、2010～2020 年耕地占补平衡对我国 31 个省（自治区、直辖市）平均产水量的影响

（单位：毫米）

省（自治区、直辖市）	2000～2010 年	2010～2020 年
北京	−39.25	−89.21
天津	−26.53	−115.26
河北	−19.26	−58.15
山西	−0.89	41.45
内蒙古	40.56	39.62
辽宁	312.80	−159.31
吉林	172.49	−132.67
黑龙江	25.49	95.61
上海	−125.55	41.04
江苏	−62.78	159.86
浙江	261.65	−302.42
安徽	91.46	65.36
福建	241.36	−477.94
江西	440.29	−379.00
山东	−66.31	24.30
河南	−238.25	14.09
湖北	30.51	199.01
湖南	99.47	−9.51
广东	60.73	−209.48
广西	74.35	−67.31
海南	−349.31	−10.48
重庆	−63.95	135.87
四川	9.76	52.66
贵州	−124.89	139.74
云南	−101.50	−30.80

省（自治区、直辖市）	2000～2010 年	2010～2020 年
西藏	−31.38	−59.50
陕西	25.25	−6.86
甘肃	26.96	16.60
青海	18.78	−15.64
宁夏	23.93	3.83
新疆	9.18	−10.26
总计	715.17	−1 104.76

4.5　2000～2020 年耕地占补平衡对生态系统服务价值的影响

结合地类的面积变化以及第 4.2.6 节述及的价值当量因子法，测算得到 2000～2010 年以及 2010～2020 年我国各地类生态系统服务价值总量（表 4-18）及其变化（表 4-19）。2000 年、2010 年、2020 年我国生态系统服务价值总量分别为 183 842.02 亿元、184 484.86 亿元、183 199.29 亿元。我国生态系统服务价值总量在 2000～2010 年上升了 0.35%，在 2010～2020 年下降了 0.70%，因此总体来说 2000～2020 年生态系统服务价值的变化趋势为先增加后减少。从 2000 年各地类的生态系统服务价值总量贡献率来看，林地贡献率最高，草地其次，然后是湿地。耕地面积虽然占整个国土面积的 18.97%，但是生态系统服务价值的贡献率相对于林地和草地较少，而湿地面积虽然仅有 310 180 平方千米，但是生态系统服务价值贡献率达到 23 567.70 亿元,可见湿地对于生态系统服务发挥着重要的作用。2000 年、2010 年、2020 年的各地类的生态系统服务价值贡献率基本保持稳定。

从各地类生态系统服务价值变化来看（表 4-19）：2000～2010 年，耕地、草地分别下降了 104.67 亿元（−0.53%）、5456.61 亿元（−11.22%），林地则上升了 1902.36 亿元（2.21%）；2010～2020 年，耕地生态系统服务价值继续下降，下降幅度有所上升，下降了 295.20 亿元（−1.51%）。草地的生态系统服务价值有所上升，上升了 764.61 亿元（1.73%），林地与湿地生态系统服务价值有所下降，两者分别下降 381.32 亿元（−0.43%）、1406.93 亿元（−5.23%），河流生态系统服务价值有所上升，上升了 104.56 亿元（3.91%）。

表 4-18　2000～2020 年我国各地类生态系统服务价值总量　　（单位：亿元）

地类	生态系统服务价值		
	2000 年	2010 年	2020 年
耕地	19 596.84	19 492.17	19 196.96
林地	86 256.91	88 159.27	87 777.95
草地	48 653.66	43 197.05	43 943.65
河流	2 073.10	2 671.33	2 775.89
湿地	23 567.70	26 907.65	25 500.72
未利用地	3 693.81	4 057.39	4 004.12
合计	183 842.02	184 484.86	183 199.29

表 4-19　2000～2020 年我国各地类生态系统服务价值变化

地类	生态系统服务价值变动/亿元		生态系统服务价值变动率/%	
	2000～2010 年	2010～2020 年	2000～2010 年	2010～2020 年
耕地	−104.67	−295.20	−0.53	−1.51
林地	1 902.36	−381.32	2.21	−0.43
草地	−5 456.61	746.61	−11.22	1.73
河流	598.24	104.56	28.86	3.91
湿地	3 339.96	−1 406.93	14.17	−5.23
未利用地	363.58	−53.26	9.84	−1.31
合计	642.86	−1 285.54	43.33	−2.84

如表 4-20 和表 4-21 所示，2000～2010 年，供给服务、调节服务、文化服务均有所上升，支持服务有所下降。从单个二级服务来看，除食物生产、气体调节、土壤保持和生物多样性有 3%以内的下降外，其余服务均有所上升，废物处理服务上升比重最大，为 2.86%，其次是水文调节服务，上升了 2.32%，上升比重最小的是原材料生产功能（0.49%）；2010～2020 年，4 种服务普遍呈下降趋势，下降的比重在 2%以下，所有二级服务均呈现下降的现象，其中

下降比重最大的是废物处理服务，下降比重为 1.50%，最小的为土壤保持服务，下降比重为 0.09%。

表 4-20　2000～2020 年我国生态系统服务价值总量　　（单位：亿元）

生态系统服务		生态系统服务价值		
		2000 年	2010 年	2020 年
供给服务	食物生产	5 517.88	5 360.08	5 336.95
	原材料生产	11 834.92	11 892.74	11 853.90
调节服务	气体调节	22 510.93	22 261.67	22 209.12
	气候调节	27 664.82	28 085.37	27 745.43
	水文调节	27 620.37	28 261.65	27 970.01
	废物处理	21 793.45	22 416.23	22 079.79
支持服务	土壤保持	26 643.32	26 019.66	25 996.84
	生物多样性	26 968.30	26 760.42	26 678.58
文化服务	美学景观	13 288.02	13 427.04	13 328.71
合计		183 842.01	184 484.86	183 199.303

表 4-21　2000～2020 年我国生态系统服务价值变化率　　（单位：%）

生态系统服务		变化率	
		2000～2010 年	2010～2020 年
供给服务	食物生产	-2.86	-0.43
	原材料生产	0.49	-0.33
调节服务	气体调节	-1.11	-0.24
	气候调节	1.52	-1.21
	水文调节	2.32	-1.03
	废物处理	2.86	-1.50
支持服务	土壤保持	-2.34	-0.09
	生物多样性	-0.77	-0.31
文化服务	美学景观	1.05	-0.73
合计		0.35	-0.70

第 4.3 节中已经讨论了耕地占补平衡对生态用地的影响，在耕地占补平衡的作用下，生态用地产生了一定数量的流失。生态用地数量的流失导致生态系统服务价值量的下降，因此在第 4.3 节生态用地流失的基础上进一步讨论了耕地占补平衡对生态系统服务价值的影响。

2000～2010 年（表 4-22 和表 4-23），由于耕地占补平衡政策的影响，一部分林地、草地、湿地、未利用地转化为耕地，造成生态系统服务价值量上升。通过价值当量法的测算，草地转化为耕地造成的损失量比较高，达 5456.61 亿元。林地、湿地和未利用地分别带来了 1902.36 亿元、3339.96 亿元、363.58 亿元的生态系统服务价值的增量。总计来看，2000～2010 年，耕地占补平衡造成的生态系统服务价值增加为 149.29 亿元。

表 4-22　2000～2010 年补充耕地对生态系统服务价值的影响

新增耕地来源	面积/千米^2	面积百分比/%	生态系统服务价值变化量/亿元
林地	219 503	49.51	1 902.36
草地	176 807	39.88	−5 456.61
湿地	30 579	6.90	3 339.96
未利用地	16 419	3.70	363.58
总计	443 308	100	149.29

表 4-23　2000～2010 年耕地被占用对生态系统服务价值的影响

占用耕地来源	面积/千米^2	面积百分比/%	生态系统服务价值变化量/亿元
城市建设用地	23 819	19.47	414.79
农村建设用地	98 526	80.53	1 715.74

2010～2020 年（表 4-24 和表 4-25），湿地转变造成的生态系统服务价值损失最高，为 1406.93 亿元，其次为林地，损失的生态系统服务价值为 381.32 亿元。草地转变为耕地带来的生态系统服务价值上升为 746.61 亿元，未利用地转变为耕地带来的生态系统服务价值量下降为 53.26 亿元。总的来看，2010～2020 年，由于耕地占补平衡造成的生态系统服务价值损失量为 1094.9 亿元。

表 4-24　2010～2020 年补充耕地对生态系统服务价值的影响

新增耕地来源	面积/千米^2	面积百分比/%	生态系统服务价值变化/亿元
林地	230 242	53.45	−381.32
草地	157 425	36.55	746.61
湿地	31 223	7.25	−1 406.93
未利用地	11 855	2.75	−53.26

表 4-25　2010～2020 年耕地被占用对生态系统服务价值的影响

占用耕地来源	面积/千米^2	面积百分比/%	生态系统服务价值变化/亿元
城市建设用地	16 893	13.25	294.18
农村建设用地	110 565	86.75	1 925.39

4.6　小　　结

本章剖析了 2000～2010 年、2010～2020 年两时段全国尺度和省级尺度耕地占补平衡对生态用地流失、生态系统服务及其价值的影响，探索了从全国至各省时空规律的变化。

在耕地占补平衡对生态用地影响方面，2000～2010 年，共有 12.23×10⁴ 平方千米耕地被建设用地占用，补充耕地数量为 44.33×10⁴ 平方千米，其中林地转为耕地的面积最多，为 21.95×10⁴ 平方千米，其次是草地（17.68×10⁴ 平方千米）。相比之下，2010～2020 年，共有 12.75×10⁴ 平方千米被占用，补充耕地数量为 43.07×10⁴ 平方千米，其中林地流失数量最多，达到 23.02×10⁴ 平方千米，其次是草地（15.74×10⁴ 平方千米）。可见，耕地占补平衡导致生态用地大量流失。

历史阶段耕地占补平衡对生态系统服务产生了负面影响。具体而言：①在生境质量方面，2000～2010 年，耕地占补平衡导致生境质量指数值平均下降100.81，2010～2020 年较上一个阶段损失更大，生境质量指数值平均下降101.02，其中生境质量指数下降最大的区域为内蒙古、云南、黑龙江；②在生态系统碳储量方面，2000～2010 年耕地占补平衡导致我国生态系统碳储量共减少 1184.78 百万吨，2010～2020 年碳储量损失有所增加，共减少 1249.89 百万吨；③在水土保持服务方面，2000～2010 年耕地占补平衡导致水土保持服务损失 1014.48×10^8 吨，其中水土保持服务损失较大的为福建、江西和浙江等地，2010～2020 年耕地占补平衡导致水土保持服务损失 1270.78×10^8 吨，损失较大的地区则集中在贵州、四川和湖北等地；④在水质净化服务方面，2000～2010年，耕地占补平衡导致氮磷输出量增加 87 635.40 吨，其中氮磷输出量增加最多的主要集中在江西、湖南和云南等地，2010～2020 年耕地占补平衡导致氮磷输出量增加 84 565.48 吨，其中氮磷输出量增加较多的主要集中在湖南、贵州和云南等地；⑤在产水服务方面，2000～2010 年耕地占补平衡导致我国平均产水量下降 7.98 毫米，2010～2020 年平均产水量下降 75.45 毫米。

本章参考文献

白杨, 郑华, 庄长伟, 等. 2013. 白洋淀流域生态系统服务评估及其调控. 生态学报, 33(3): 711-717.

蔡崇法, 丁树文, 史志华, 等. 2000. 应用 USLE 模型与地理信息系统 IDRISI 预测小流域土壤侵蚀量的研究. 水土保持学报, 14(2): 19-24.

陈炼钢, 陈敏建, 丰华丽. 2008. 基于健康风险的水源地水质安全评价. 水利学报, 39(2): 235-239, 244.

陈雯. 2012. 中国水污染治理的动态 CGE 模型构建与政策评估研究. 长沙: 湖南大学.

陈妍, 乔飞, 江磊. 2016. 基于 In VEST 模型的土地利用格局变化对区域尺度生境质量的影响研究——以北京为例. 北京大学学报(自然科学版), 52(3): 553-562.

陈正发. 2011. 基于 RUSLE 模型的重庆市土壤流失方程研究. 重庆: 西南大学.

戴尔阜, 王晓莉, 朱建佳, 等. 2016. 生态系统服务权衡: 方法、模型与研究框架. 地理研究, 35(6): 1005-1016.

丁访军, 潘忠松, 吴鹏, 等. 2015. 贵州东部常绿落叶阔叶混交林碳素积累及其分配特征. 生态学报, 35(6): 1761-1768.

范亚宁. 2017. 秦岭北麓及周边生态系统水源涵养与水质净化功能评估. 西安: 西北大学.

傅春, 张强. 2008. 流域水文模型综述. 江西科学, 26(4): 588-592, 638.

郭洪伟, 孙小银, 廉丽姝, 等. 2016. 基于 CLUE-S 和 InVEST 模型的南四湖流域生态系统产水功能对土地利用变化的响应. 应用生态学报, 27(9): 2899-2906.

韩会庆, 罗绪强, 游仁龙, 等. 2016. 基于 InVEST 模型的贵州省珠江流域水质净化功能分析. 南京林业大学学报(自然科学版), 40(5): 87-92.

郝月, 张娜, 杜亚娟, 等. 2019. 基于生境质量的唐县生态安全格局构建. 应用生态学报, 30(3): 1015-1024.

何云, 胡啸, 王军, 等. 2015. 山东省农村水污染现状及治理对策. 中国人口·资源与环境, 25(S1): 221-223.

胡素端. 2015. 水库水质动态监测与评价研究. 大连: 大连理工大学.

黄启芬. 2015. 贵州省水土流失与社会经济相关性分析. 水土保持研究, 22(4): 72-78.

俱战省, 文安邦, 严冬春, 等. 2015. 三峡库区小流域修正通用土壤流失方程适用性分析. 农业工程学报, 31(5): 121-131.

李斌, 方晰, 李岩, 等. 2015. 湖南省森林土壤有机碳密度及碳库储量动态. 生态学报, 35(13): 4265-4278.

李峰, 冯明雷, 陈宏文, 等. 2014. 湖泊湿地水质净化功能研究进展. 江西科学, 32(5): 624-629, 659.

李凤. 2014. 湘江流域水污染治理机制研究. 长沙: 湖南师范大学.

李红艳, 章光新, 孙广志. 2012. 基于水量-水质耦合模型的扎龙湿地水质净化功能模拟与评估. 中国科学: 技术科学, 42(10): 1163-1171.

李婷, 刘康, 胡胜, 等. 2014. 基于 InVEST 模型的秦岭山地土壤流失及土壤保持生态效益评价. 长江流域资源与环境, 23(9): 1242-1250.

梁承美. 2014. 基于物联网的湖泊水质监测系统的研究. 上海: 华东理工大学.

梁萌杰, 陈龙池, 汪思龙. 2016. 湖南省杉木人工林生态系统碳储量分配格局及固碳潜力. 生态学杂志, 35(4): 896-902.

刘春芳, 王川, 刘立程. 2018. 三大自然区过渡带生境质量时空差异及形成机制——以榆中县为例. 地理研究, 37(2): 419-432.

刘刚, 陈利. 2013. 洪湖湿地碳储量的研究. 中南林业科技大学学报, 33(8): 103-107.

刘纪远, 匡文慧, 张增祥, 等. 2014. 20世纪80年代末以来中国土地利用变化的基本特征与空间格局. 地理学报, 69(1): 3-14.

刘永强, 廖柳文, 龙花楼, 等. 2015. 土地利用转型的生态系统服务价值效应分析——以湖南省为例. 地理研究, 34(4): 691-700.

刘兆丹, 李斌, 方晰, 等. 2016. 湖南省森林植被碳储量、碳密度动态特征. 生态学报, 36(21): 6897-6908.

刘智方, 唐立娜, 邱全毅, 等. 2017. 基于土地利用变化的福建省生境质量时空变化研究. 生态学报, 37(13): 4538-4548.

罗盛锋, 闫文德. 2018. 广西北部湾沿岸地区生态系统服务价值变化及其驱动力. 生态学报, 38(9): 3248-3259.

潘丽娟. 2016. 未来土地利用情景下的南京市生态系统水质净化功能模拟. 南京: 南京信息工程大学.

荣月静, 张慧, 赵显富. 2016. 基于 InVEST 模型近 10 年太湖流域土地利用变化下碳储量功能. 江苏农业科学, 44(6): 447-451.

邵全琴, 刘纪远, 黄麟, 等. 2013. 2005-2009年三江源自然保护区生态保护和建设工程生态成效综合评估. 地理研究, 32(9): 1645-1656.

邰继承, 靳振江, 崔立强, 等. 2011. 不同土地利用下湖北江汉平原湿地起源土壤有机碳组分的变化. 水土保持学报, 25(6): 124-128.

田应兵. 2005. 湿地土壤碳循环研究进展. 长江大学学报(自然科学版), 2(8): 1-4.

王海燕, 丛佩娟, 冯伟, 等. 2020. 全国水土保持功能年度价值评价研究. 中国水土保持, 41(2): 37-41, 5.

王宏杰. 2016. 基于 InVEST 的三江源生境质量评价. 价值工程, 35(12): 66-70.

王晋. 2014. 即墨市城镇饮用水水源地水安全与健康风险评价及保护对策的研究. 青岛: 中国海洋大学.

王亮, 牛克昌, 杨元合, 等. 2010. 中国草地生物量地上-地下分配格局: 基于个体水平的研究. 中国科学: 生命科学, 40(7): 642-649.

王略, 屈创, 赵国栋. 2018. 基于中国土壤流失方程模型的区域土壤侵蚀定量评价. 水土保持通报, 38(1): 122-125, 130.

王润, 刘洪斌, 武伟. 2005. TOPMODEL 模型研究进展与热点. 水土保持研究, 12(1): 47-48, 169.

王绍强, 周成虎, 李克让, 等. 2000. 中国土壤有机碳库及空间分布特征分析. 地理学报, 55(5): 533-544.

王彦辉, 于澎涛, 张淑兰, 等. 2018. 黄土高原和六盘山区森林面积增加对产水量的影响. 林业科学研究, 31(1): 15-26.

王占礼. 2000. 中国土壤侵蚀影响因素及其危害分析. 农业工程学报, 16(4): 32-36.

吴健生, 毛家颖, 林倩, 等. 2017. 基于生境质量的城市增长边界研究——以长三角地区为例. 地理科学, 37(1): 28-36.

吴哲, 陈歆, 刘贝贝, 等. 2014. 不同土地利用/覆盖类型下海南岛产水量空间分布模拟. 水资源保护, 30(3): 9-13.

郗敏, 刘红玉, 吕宪国. 2006. 流域湿地水质净化功能研究进展. 水科学进展, 17(4): 566-573.

奚小环, 李敏, 张秀芝, 等. 2013. 中国中东部平原及周边地区土壤有机碳分布与变化趋势研究. 地学前缘, 20(1): 154-165.

谢高地, 鲁春霞, 冷允法, 等. 2003. 青藏高原生态资产的价值评估. 自然资源学报, 18(2): 189-196.

谢高地, 张彩霞, 张雷明, 等. 2015. 基于单位面积价值当量因子的生态系统服务价值化方法改进. 自然资源学报, 30(8): 1243-1254.

谢高地, 甄霖, 鲁春霞, 等. 2008. 一个基于专家知识的生态系统服务价值化方法. 自然资源学报, 23(5): 911-919.

徐建宁, 孙建国, 陈海鹏. 2016. 基于 InVEST 模型的生境质量评估——以横断山小江流域为例. 安徽农业科学, 44(15): 105-108, 134.

徐文秀, 王海燕, 鲍玉海, 等. 2019. 四川省南部县水土保持功能服务价值评价. 生态经济, 35(8): 181-185.

许建玲. 2013. 我国饮用水安全管理体系问题及对策研究. 哈尔滨: 哈尔滨工业大学.

杨园园, 戴尔阜, 付华. 2012. 基于 InVEST 模型的生态系统服务功能价值评估研究框架. 首都师范大学学报(自然科学版), 33(3): 41-47.

应兰兰, 侯西勇, 路晓, 等. 2010. 我国非点源污染研究中输出系数问题. 水资源与水工程学报, 21(6): 90-95, 99.

曾甜玲, 温志渝, 温中泉, 等. 2013. 基于紫外光谱分析的水质监测技术研究进展. 光谱学与光谱分析, 33(4): 1098-1103.

张超, 王治国, 凌峰, 等. 2016. 水土保持功能评价及其在水土保持区划中的应用. 中国水土保持科学, 14(5): 90-99.

张银辉. 2005. SWAT 模型及其应用研究进展. 地理科学进展, 24(5): 123-132.

张远东, 刘世荣, 顾峰雪. 2011. 西南亚高山森林植被变化对流域产水量的影响. 生态学报, 31(24): 7601-7608.

赵敏敏, 周立华, 王思源. 2017. 生态政策对库布齐沙漠土地利用格局及生态系统服务价值的影响. 水土保持研究, 24(2): 252-258.

赵欣胜, 崔丽娟, 李伟, 等. 2016. 吉林省湿地生态系统水质净化功能分析及其价值评价. 水生态学杂志, 37(1): 31-38.

郑姚闽, 牛振国, 宫鹏, 等. 2013. 湿地碳计量方法及中国湿地有机碳库初步估计. 科学通报, 58(2): 170-180.

钟莉娜, 王军. 2017. 基于 InVEST 模型评估土地整治对生境质量的影响. 农业工程学报, 33(1): 250-255.

朱耀军, 赵峰, 郭菊兰, 等. 2016. 湛江高桥红树林湿地有机碳分布及埋藏特征. 生态学报, 36(23): 7841-7849.

An X X, Jin W P, Long X R, et al. 2022.Spatial and temporal evolution of carbon stocks in Dongting Lake wetlands based on remote sensing data. Geocarto International, 37: 14983-15009.

Bateman I J, Harwood A R, Mace G M, et al. 2013. Bringing ecosystem services into economic decision-making: land use in the United Kingdom. Science, 341(6141): 45-50.

Bennett E M, Peterson G D, Gordon L J. 2009. Understanding relationships among multiple ecosystem services. Ecology Letters, 12(12): 1394-1404.

Bhattarai R, Dutta D. 2007. Estimation of soil erosion and sediment yield using GIS at catchment scale. Water Resources Management, 21: 1635-1647.

Cademus R, Escobedo F J, McLaughlin D, et al. 2014. Analyzing trade-offs, synergies, and drivers among timber production, carbon sequestration, and water yield in Pinus elliotii forests in Southeastern USA. Forests, 5(6): 1409-1431.

Chen M, Qin X S, Zeng G M, et al. 2016. Impacts of human activity modes and climate on heavy metal "spread" in groundwater are biased. Chemosphere, 152: 439-445.

Chuai X W, Huang X J, Lai L, et al. 2013. Land use structure optimization based on carbon storage in several regional terrestrial ecosystems across China. Environmental Science & Policy, 25: 50-61.

Costanza R, de Groot R, Sutton P, et al. 2014. Changes in the global value of ecosystem services. Global Environmental Change, 26(1): 152-158.

Costanza R, d'Arge R, de Groot R, et al. 1997. The value of the world's ecosystem services and natural capital. Nature, 387(6630): 253-260.

de Groot R, Brander L, van der Ploeg S, et al. 2012. Global estimates of the value of ecosystems and their services in monetary units. Ecosystem Services, 1(1): 50-61.

Deng X Z, Li Z H, Huang J K, et al. 2013. A revisit to the impacts of land use changes on the human wellbeing via altering the ecosystem provisioning services. Advances in Meteorology, 2013: 907367.

Desmet P J J, Govers G. 1996. A GIs procedure for automatically calculating the USLE LS factor on topographically complex landscape units. Journal of Soil and Water Conservation, 51(5):

427-433.

Du X J, Huang Z H. 2017. Ecological and environmental effects of land use change in rapid urbanization: the case of Hangzhou, China. Ecological Indicators, 81: 243-251.

Farber S, Costanza R, Childers D L, et al. 2006. Linking ecology and economics for ecosystem management. BioScience, 56(2): 121-133.

Jiang C, Li D Q, Wang D W, et al. 2016. Quantification and assessment of changes in ecosystem service in the Three-River Headwaters Region, China as a result of climate variability and land cover change. Ecological Indicators, 66: 199-211.

Kim G S, Lim C H, Kim S J, et al. 2017. Effect of national-scale afforestation on forest water supply and soil loss in South Korea, 1971–2010. Sustainability, 9(6): 1017.

Kindu M, Schneider T, Teketay D, et al. 2016. Changes of ecosystem service values in response to land use/land cover dynamics in Munessa-Shashemene landscape of the Ethiopian highlands. Science of the Total Environment, 547: 137-147.

Lang Y Q, Song W, Zhang Y. 2017. Responses of the water-yield ecosystem service to climate and land use change in Sancha River Basin, China. Physics and Chemistry of the Earth, 101: 102-111.

Lawler J J, Lewis D J, Nelson E, et al. 2014. Projected land-use change impacts on ecosystem services in the United States. Proceedings of the National Academy of Sciences of the United States of America, 111(20): 7492-7497.

Li G L, Zhao Y, Cui S H. 2013. Effects of urbanization on arable land requirements in China, based on food consumption patterns. Food Security, 5(3): 439-449.

Li Y, Xiong W, Zhang W L, et al. 2016a. Life cycle assessment of water supply alternatives in water-receiving areas of the South-to-North Water Diversion Project in China. Water Research, 89: 9-19.

Li G D, Fang C L, Wang S J. 2016b. Exploring spatiotemporal changes in ecosystem-service values and hotspots in China. Science of the Total Environment, 545: 609-620.

Liquete C, Maes J, Notte A L, et al. 2011. Securing water as a resource for society: an ecosystem services perspective. Ecohydrology & Hydrobiology, 11: 247-259.

Liu J Y, Liu M L, Tian H Q, et al. 2005. Spatial and temporal patterns of China's cropland during 1990～2000: an analysis based on Landsat TM data. Remote Sensing of Environment, 98(4): 442-456.

Liu J Y, Zhang Z X, Xu X L, et al. 2010. Spatial patterns and driving forces of land use change in China during the early 21st century. Journal of Geographical Sciences, 20(4): 483-494.

Qin K Y, Li J, Yang X N. 2015. Trade-off and synergy among ecosystem services in the Guanzhong-Tianshui economic region of China. International Journal of Environmental Research and Public Health, 12(11): 14094-14113.

Song W, Deng X Z. 2017. Land-use/land-cover change and ecosystem service provision in China. Science of the Total Environment, 576: 705-719.

Turner K G, Anderson S, Gonzales-Chang M, et al. 2016. A review of methods, data, and models to assess changes in the value of ecosystem services from land degradation and restoration.

Ecological Modelling, 319: 190-207.

van Berkel D B, Verburg P H. 2014. Spatial quantification and valuation of cultural ecosystem services in an agricultural landscape. Ecological Indicators, 37: 163-174.

Wang W J, Guo H C, Chuai X W, et al. 2014. The impact of land use change on the temporospatial variations of ecosystems services value in China and an optimized land use solution. Environmental Science & Policy, 44: 62-72.

Wen L, Dong S K, Li Y Y, et al. 2013. Effect of degradation intensity on grassland ecosystem services in the alpine region of Qinghai-Tibetan Plateau, China. PLoS One, 8(3): e58432.

Xiao L L, Yang X H, Cai H Y, et al. 2015. Cultivated land changes and agricultural potential productivity in Mainland China. Sustainability, 7(9): 11893-11908.

Xie G D, Zhang C X, Zhen L, et al. 2017. Dynamic changes in the value of China's ecosystem services. Ecosystem Services, 26: 146-154.

Yi H C, Güneralp B, Filippi A M, et al. 2017. Impacts of land change on ecosystem services in the San Antonio River Basin, Texas, from 1984 to 2010. Ecological Economics, 135: 125-135.

Yu J, Yuan Y, Nie Y, et al. 2015. The temporal and spatial evolution of water yield in Dali County. Sustainability, 7: 6069-6085.

Zhang B A, Li W H, Xie G D. 2010. Ecosystem services research in China: progress and perspective. Ecological Economics, 69(7): 1389-1395.

Zhang C, Tian H Q, Chen G S, et al. 2012. Impacts of urbanization on carbon balance in terrestrial ecosystems of the Southern United States. Environmental Pollution, 164: 89-101.

Zhang F, Zhan J Y, Zhang Q, et al. 2017. Impacts of land use/cover change on terrestrial carbon stocks in Uganda. Physics and Chemistry of the Earth, 101: 195-203.

Zhang L, Dawes W R, Walker G R. 2001. Response of mean annual evapotranspiration to vegetation changes at catchment scale. Water Resources Research, 37(3): 701-708.

Zheng W W, Ke X L, Zhou T, et al. 2019. Trade-offs between cropland quality and ecosystem services of marginal compensated cropland – a case study in Wuhan, China. Ecological Indicators, 105: 613-620.

第5章
未来耕地占补平衡对生态系统服务及其价值的潜在影响

5.1 未来耕地占补平衡对生态系统服务及其价值潜在影响评估的总体思路

为了更加充分地研究我国耕地保护制度对生态系统服务及其价值的影响，本章在分析历史时期我国耕地占补平衡对生态系统及其价值影响的基础上，基于 2020 年全国生态系统现状，分别探索了 2020 年与 2040 年在 SPP、SPN 两种情景下生境质量的时空演变规律。

在了解生态系统服务的基础上，需要进一步对生态系统服务的价值进行评估。生态系统为人类提供了各种产品和服务，这些都是人类生活赖以维持以及人类社会得以发展的必要材料和宝贵财富。通过生态系统服务价值评估，人们可以清楚地意识到这些服务的价值，可以直观地量化这些服务的价值，这就使得人们可以优化对生态系统产品和生态系统服务的利用，为使用者、管理者、决策者提供了科学的行为依据，同时也可以使人们更加珍惜所拥有的这些宝贵财富，增强保护意识。

本章基于 SPN 和 SPP 两种情景，对我国 2020 年及 2040 年不同耕地占补平衡情景下的生态系统服务价值进行测算，以此对比分析不同耕地占补平衡政策对生态系统服务价值的影响。

5.2 未来耕地占补平衡对生态用地的潜在影响

为了探索耕地保护对生态用地流失影响的未来趋势，本书基于 ArcGIS 空间分析功能以及 LANDSCAPE（Ke et al.，2018），分别测算了 2020～2040 年在 SPP 和 SPN 下耕地保护对我国的生态用地流失的影响。

5.2.1 SPP 下，2020～2040 年耕地占补平衡对我国生态用地流失的影响

5.2.1.1 SPP 下，补充耕地对我国生态用地的影响

2020～2040 年，SPP 下补充耕地导致我国的生态用地流失数量如图 5-1 所示。2020～2040 年，SPP 下补充耕地导致我国的生态用地流失总量为 51.57×10⁴ 平方千米。其中林地流失数量最多，达到 29.58×10⁴ 平方千米，占生态用地流失总量的 57.37%；其次是草地，流失数量为 16.66×10⁴ 平方千米，占生态用地流失总量的 32.30%；湿地、未利用地流失数量较小，分别为 4.20×10⁴ 平方千米、1.12×10⁴ 平方千米，分别占生态用地流失总量的 8.15%、2.18%。

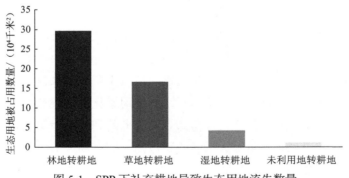

图 5-1　SPP 下补充耕地导致生态用地流失数量

SPP 下，2020～2040 年补充耕地导致我国 31 个省（自治区、直辖市）的生态用地流失量，即补充耕地占用生态用地量如表 5-1 所示。总体上，我国东部地区补充耕地占用生态用地以林地、草地、未利用地为主，中部和东北地区以湿地、林地为主，而西部地区的生态用地流失类型以草地、未利用地为主。

总体上，补充耕地导致的林地流失量较大的 3 个省份为广西、湖南和贵州。其中广西补充耕地导致的林地流失量为 27 359 平方千米，为广西补充耕地导致的生态用地流失总量的 86.42%；湖南补充耕地导致的林地流失量为 27 012 平方千米，是湖南补充耕地导致的生态用地流失总量的 89.92%；贵州补充耕地导致的林地流失量为 21 604 平方千米，为贵州补充耕地导致的生态用地流失总量的 72.56%。补充耕地导致的草地流失量较大的 3 个省份为内蒙古、甘肃和陕西。其中内蒙古补充耕地导致的草地流失量为 29 904 平方千米，为内蒙古补充耕地导致的生态用地流失总量的 68.60%；甘肃补充耕地导致的草地流失量为 22 908 平方千米，为甘肃补充耕地导致的生态用地流失总量的 79.49%；陕西补充耕地导致的草地流失量为 21 502 平方千米，为陕西补充耕地导致的生态用地流失总量的 72.01%。补充耕地导致的湿地流失量较大的 3 个省份为黑龙江、湖北和江苏。其中黑龙江补充耕地导致的湿地流失量为 13 609 平方千米，为黑龙江补充耕地导致的生态用地流失总量的 33.56%；湖北补充耕地导致的湿地流失量为 4150 平方千米，为湖北补充耕地导致的生态用地流失总量的 18.83%；江苏补充耕地导致的湿地流失量为 2850 平方千米，为江苏补充耕地导致的生态用地流失总量的 67.41%。

表 5-1　SPP 下我国 31 个省（自治区、直辖市）补充耕地占用生态用地量

（单位：千米²）

省（自治区、直辖市）	林地	草地	湿地	未利用地	生态用地流失总量
北京	398	149	68	0	615
天津	97	37	252	0	386
河北	5395	7768	1442	109	14 714
山西	7432	12 829	466	37	20 764
内蒙古	8403	29 904	2458	2825	43 590
辽宁	14 283	1869	1756	92	18 000
吉林	12 457	2018	1567	2365	18 407
黑龙江	18 813	6853	13 609	1274	40 549
上海	30	10	63	0	103
江苏	1143	202	2850	33	4228
浙江	8163	371	389	8	8931
安徽	5033	1160	1484	5	7682

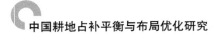

续表

省（自治区、直辖市）	林地	草地	湿地	未利用地	生态用地流失总量
福建	9214	2190	119	13	11 536
江西	19 579	1858	1544	11	22 992
山东	2668	2989	1853	123	7633
河南	3349	2900	884	2	7135
湖北	16 888	985	4150	20	22 043
湖南	27 012	1267	1749	13	30 041
广东	17 750	1882	1244	22	20 898
广西	27 359	3769	528	4	31 660
海南	3607	184	196	14	4001
重庆	9201	2345	162	0	11 708
四川	21 325	7399	758	43	29 525
贵州	21 604	7997	163	8	29 772
云南	21 276	11 457	495	30	33 258
西藏	1668	1987	269	218	4142
陕西	7320	21 502	436	600	29 858
甘肃	3209	22 908	465	2238	28 820
青海	358	2673	82	187	3300
宁夏	491	4996	403	418	6308
新疆	319	2100	128	526	3073
总计	295 844	166 558	42 032	11 238	515 672

　　SPP 下，2020～2040 年，补充耕地对我国东部、中部、西部和东北地区生态用地的影响如表 5-2 所示。补充耕地对西部地区生态用地的影响最大，其次是中部，然后是东北，最后是东部。补充耕地导致我国西部地区的生态用地流失总量为 255 014 平方千米，为 2020～2040 年补充耕地导致我国生态用地流失总量的 49.45%，西部地区各省的生态用地平均流失量达到 21 251 平方千米；耕地保护导致我国中部、东部和东北地区的生态用地流失总量分别为 110 657 平方千米、73 045 平方千米和 76 956 平方千米。

表 5-2　SPP 下补充耕地对我国东部、中部、西部和东北地区生态用地的影响

SPP	东部	中部	西部	东北
生态用地流失总量/千米²	73 045	110 657	255 014	76 956
占流失总量比例/%	14.17	21.46	49.45	14.92
平均流失量/千米²	7304	18 436	21 251	25 708

SPP 下，2020～2040 年，补充耕地对我国 31 个省（自治区、直辖市）的生态用地的影响如表 5-3 所示，生态用地受补充耕地的影响总体呈现由北向南递减的趋势。黑龙江、内蒙古的生态用地受补充耕地影响的等级为第五等级。湖南、广西、云南的生态用地受补充耕地影响等级属于第四等级。山西、广东、湖北、江西、甘肃、四川、贵州、陕西的生态用地受补充耕地的影响等级属于第三等级。剩余地区的生态用地受补充耕地影响等级较低，福建、重庆、河北、辽宁、吉林为第二等级，上海、天津、北京、新疆、青海、海南、西藏、江苏、宁夏、河南、山东、安徽、浙江为第一等级，其中上海、北京、天津的生态用地流失均小于 1000 平方千米，是补充耕地情况下生态用地流失数量较少地区。

表 5-3　SPP 下耕地保护对生态用地的影响

等级	范围/千米²	省（自治区、直辖市）
一	（0, 10 000]	上海、天津、北京、新疆、青海、海南、西藏、江苏、宁夏、河南、山东、安徽、浙江
二	（10 000, 20 000]	福建、重庆、河北、辽宁、吉林
三	（20 000, 30 000]	山西、广东、湖北、江西、甘肃、四川、贵州、陕西
四	（30 000, 40 000]	湖南、广西、云南
五	（40 000, +∞）	黑龙江、内蒙古

5.2.1.2　SPP 下，城市和农村建设对耕地占用的影响

SPP 下，2020～2040 年，城市和农村建设导致我国的耕地被占用的情况如图 5-2 所示。2020～2040 年，城市和农村建设导致我国的耕地流失数量为 12.21×10^4 平方千米。其中城市建设占用耕地 1.86×10^4 平方千米，占城市和农村建设被占用耕地总量的 15.2%；农村建设占用耕地数量最多，为 10.35×10^4 平方千米，占比高达 84.8%。

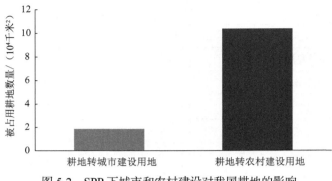

图 5-2 SPP 下城市和农村建设对我国耕地的影响

SPP 下，2020～2040 年，城市和农村建设下我国 31 个省（自治区、直辖市）耕地被占用量如表 5-4 所示，总体来说，城市和农村建设占用耕地量较大的 3 个省份为山东、河南和河北。其中因城市建设被占用最多的是江苏、山东、河北，分别因城市建设占用耕地 2831 平方千米、2538 平方千米、1430 平方千米。河南、山东、河北因农村建设被占用最多，分别占用耕地 12 807 平方千米、12 588 平方千米、10 660 平方千米。总体上来说，中部和西部地区因城市和农村建设发展被占用的耕地数量更多，在粮食主产区有大量耕地因开发建设被占用。

表 5-4 SPP 下我国 31 个省（自治区、直辖市）城市和农村建设占用耕地量

（单位：千米²）

省（自治区、直辖市）	城市建设用地占用耕地	农村建设用地占用耕地	耕地被占用总量
北京	118	865	983
天津	74	838	912
河北	1430	10 660	12 090
山西	709	3516	4225
内蒙古	339	4772	5111
辽宁	663	5044	5707
吉林	604	4169	4773
黑龙江	1193	5786	6979
上海	318	372	690
江苏	2831	8139	10 970
浙江	1000	2036	3036

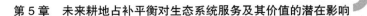

续表

省（自治区、直辖市）	城市建设用地占用耕地	农村建设用地占用耕地	耕地被占用总量
安徽	499	8609	9108
福建	237	967	1204
江西	381	1720	2101
山东	2538	12 588	15 126
河南	1401	12 807	14 208
湖北	570	3588	4158
湖南	477	1569	2046
广东	940	2529	3469
广西	314	2108	2422
海南	88	301	389
重庆	161	608	769
四川	407	2162	2569
贵州	135	472	607
云南	274	1268	1542
西藏	29	53	82
陕西	328	2347	2675
甘肃	184	1948	2132
青海	33	317	350
宁夏	132	734	866
新疆	163	601	764

　　SPP 下，2020～2040 年，城市和农村建设对我国 31 个省（自治区、直辖市）的耕地数量的影响如表 5-5 所示，城市和农村建设对我国 31 个省（自治区、直辖市）的耕地数量影响等级以第一至第三等级为主，影响程度较低，同时呈现由中部地区向其他地区递减的趋势。河北、河南、山东、江苏的耕地数量受城市和农村建设影响的等级为第五等级，是受城市扩张影响最严重的地区；安徽、黑龙江的耕地数量受城市和农村建设影响的等级为第四等级；湖北、山西、吉林、内蒙古、辽宁、浙江、广东耕地数量受城市和农村建设影响的等级为第三等级。剩余地区的耕地数量受城市和农村建设影响较小，受影响等级均属于第一、第二等级。

表 5-5　SPP 下城市和农村建设对耕地数量的影响

等级	范围/千米^2	省（自治区、直辖市）
一	(0, 1000]	西藏、青海、海南、贵州、上海、新疆、重庆、宁夏、天津、北京
二	(1000, 3000]	福建、云南、湖南、江西、甘肃、广西、四川、陕西
三	(3000, 6000]	湖北、山西、吉林、内蒙古、辽宁、浙江、广东
四	(6000, 10 000]	安徽、黑龙江
五	(10 000, +∞)	河北、河南、山东、江苏

5.2.2　SPN 下，2020～2040 年耕地占补平衡对我国生态用地流失的影响

5.2.2.1　SPN 下，补充耕地对我国生态用地的影响

2020～2040 年，SPN 下补充耕地导致我国的生态用地流失数量如图 5-3 所示。2020～2040 年，SPN 下补充耕地导致我国的生态用地流失总量比 SPP 下略有下降，为 51.57×10^4 平方千米。其中林地、湿地、未利用地流失数量与 SPP 下相近。

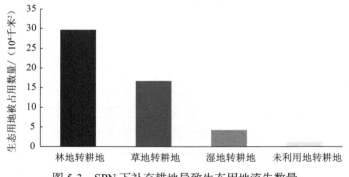

图 5-3　SPN 下补充耕地导致生态用地流失数量

SPN 下，2020～2040 年我国 31 个省（自治区、直辖市）补充耕地导致的生态用地流失量，即补充耕地占用生态用地量如表 5-6 所示。总体上，SPN 下我国东部、中部、西部和东北地区生态用地流失类型与 SPP 下相似，补充耕地导致的林地、草地、湿地流失量最多。在林地方面，广西、湖南和贵州 3 个省

份林地流失量最多，其中，广西林地流失量为 27 442 平方千米，比 SPP 下增加 83 平方千米；湖南、贵州林地流失量分别为 27 012 平方千米和 21 604 平方千米，与 SPP 下相似。在草地方面，内蒙古、甘肃和陕西 3 个省份草地流失量最多，其中，内蒙古草地流失量为 29 910 平方千米，比 SPP 情景增加 6 平方千米；甘肃草地流失量为 22 909 平方千米，比 SPP 下增加 1 平方千米；陕西草地流失量为 21 501 平方千米，比 SPP 情景减少 1 平方千米。在湿地方面，黑龙江、湖北和江苏 3 个省份湿地流失量最多，其中，黑龙江湿地流失量为 13 682 平方千米，比 SPP 下增加 73 平方千米；湖北湿地流失量为 4157 平方千米，比 SPP 下增加 7 平方千米；江苏湿地流失量为 2791 平方千米，比 SPP 下减少 59 平方千米。

表 5-6　SPN 下我国 31 个省（自治区、直辖市）中补充耕地占用生态用地量

（单位：千米²）

省（自治区、直辖市）	林地	草地	湿地	未利用地	生态用地流失总量
北京	394	146	67	0	607
天津	96	37	247	0	380
河北	5383	7742	1429	109	14 663
山西	7425	12 818	466	37	20 746
内蒙古	8405	29 910	2459	2825	43 599
辽宁	14 274	1867	1755	92	17 988
吉林	12 464	2020	1570	2365	18 419
黑龙江	18 876	6883	13 682	1277	40 718
上海	30	10	62	0	102
江苏	1130	200	2791	31	4152
浙江	8146	371	382	8	8907
安徽	5029	1159	1484	5	7677
福建	9202	2181	117	13	11 513
江西	19 570	1855	1542	11	22 978
山东	2655	2951	1828	120	7554
河南	3345	2890	878	2	7115
湖北	16 895	985	4157	20	22 057
湖南	27 012	1267	1752	13	30 044
广东	17 672	1873	1227	21	20 793

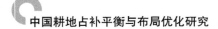
续表

省（自治区、直辖市）	林地	草地	湿地	未利用地	生态用地流失总量
广西	27 442	3771	529	4	31 746
海南	3606	184	196	14	4000
重庆	9212	2350	161	3	11 726
四川	21 466	7431	780	43	29 720
贵州	21 604	7996	163	8	29 771
云南	21 272	11 451	495	30	33 248
西藏	1668	1987	269	218	4142
陕西	7319	21 501	437	600	29 857
甘肃	3208	22 909	465	2238	28 820
青海	358	2673	82	187	3300
宁夏	491	4995	403	418	6307
新疆	320	2105	131	526	3082
总计	295 969	166 518	42 006	11 238	515 731

SPN 下，2020～2040 年，补充耕地对我国东部、中部、西部和东北地区的生态用地的影响如表 5-7 所示。补充耕地对我国西部地区生态用地的影响最大，其次是中部地区，然后是东北地区，最后是东部地区。2020～2040 年补充耕地导致我国西部地区的生态用地流失总量为 255 318 平方千米，为补充耕地导致的我国生态用地流失总量的 49.51%，平均生态用地流失量为 21 276 平方千米；补充耕地导致我国中部、东部和东北地区的生态用地流失总量分别为 110 657 平方千米、72 671 平方千米和 77 125 平方千米。

表 5-7　SPN 下补充耕地对我国东部、中部、西部和东北地区生态用地的影响

SPN	东部	中部	西部	东北
补充耕地占用生态用地量/千米²	72 671	110 657	255 318	77 125
占流失总量比例/%	14.09	21.45	49.51	14.95
平均流失量/千米²	7267	18 436	21 276	25 708

2020～2040 年，SPN 下我国 31 个省（自治区、直辖市）补充耕地对生态

用地的影响与 SPP 相似，具体如表 5-8 所示。生态用地受补充耕地影响等级最高的省份为黑龙江、内蒙古；位于第四等级的省份为湖南、广西、云南；位于第三等级的省份为山西、广东、湖北、江西、甘肃、四川、贵州、陕西；位于第二等级的省份为福建、重庆、河北、辽宁、吉林；位于第一等级的省份为浙江、安徽、山东、河南、宁夏、江苏、西藏、海南、青海、新疆、北京、天津、上海。整体上我国 31 个省（自治区、直辖市）生态用地受补充耕地的影响呈现由北向南递减的趋势。

表 5-8　SPN 下中耕地保护对生态用地的影响

等级	范围/千米^2	省（自治区、直辖市）
一	(0, 10 000]	浙江、安徽、山东、河南、宁夏、江苏、西藏、海南、青海、新疆、北京、天津、上海
二	(10 000, 20 000]	福建、重庆、河北、辽宁、吉林
三	(20 000, 30 000]	山西、广东、湖北、江西、甘肃、四川、贵州、陕西
四	(30 000, 40 000]	湖南、广西、云南
五	(40 000, +∞)	黑龙江、内蒙古

5.2.2.2　SPN 下，城市和农村建设占用耕地的情况

SPN 下，2020～2040 年，城市和农村建设占用耕地的情况与 SPP 下全国耕地占补平衡情景一致。因为在 SPP 与 SPN 下，考虑到我国 31 个省（自治区、直辖市）的经济发展趋势，为满足经济发展需要，将两种情景下对 31 个省（自治区、直辖市）城市建设用地设置分区需求，对耕地没有设置需求。

5.3　未来耕地占补平衡对生态系统服务的潜在影响

5.3.1　未来耕地占补平衡对生境质量的潜在影响

为了进一步分析我国生境质量在未来不同耕地占补平衡情景下的变化趋势，本书基于 2020 年全国生境质量现状，分别探索了 2020 年与 2040 年 SPP、SPN 两种情景下我国生境质量的时空演变规律，结果如下。

5.3.1.1　SPP 下，耕地占补平衡对生境质量影响的未来趋势

如表 5-9 所示，对比分析我国 2040 年 SPP 下生境质量与 2020 年全国生境质量可知，2020～2040 年全国范围内的生境质量净变化总值为−3874.75，平均净变化值为−124.99，即未来我国整体的生境质量呈现出下降的趋势。我国 31 个省（自治区、直辖市）均表现出生境质量下降的状态，其中下降较多的是黑龙江、广西和湖南，2020～2040 年总计下降量分别为 336.19、269.15 和 264.54，下降最少的为上海，2020～2040 年其境内生境质量总体水平将下降 0.84。

从生境质量指数总值的值域分布来看，下降的区域表现出明显的三个层级：生境质量指数下降≤10、10<生境质量指数下降≤100、生境质量指数下降>100。其中生境质量指数下降≤10 的按照生境质量指数下降总值从高到低分别是北京、天津和上海，这一值域区间的生境质量指数下降总值达到 8.95；而 10<生境质量指数下降≤100 的省（自治区、直辖市）共有 12 个，按照生境质量指数下降总值从高到低分别是重庆、福建、浙江、安徽、山东、河南、江苏、海南、宁夏、西藏、青海和新疆，这一值域区间的生境质量指数下降总值达到 605.2；而生境质量指数下降>100 的省（自治区、直辖市）共有 16 个，按照生境质量指数下降总值从高到低分别是黑龙江、广西、湖南、云南、内蒙古、贵州、四川、江西、湖北、广东、陕西、辽宁、甘肃、吉林、山西和河北，这一值域区间生境质量指数下降总值达到 3260.6。

从空间区域来看，我国东部地区生境质量出现净下降，下降幅度为 589.09，而中部地区的生境质量净下降高达 910.60，西部地区净下降 1750.11，东北地区净下降 624.95，因此，在执行宽松耕地占补平衡政策的过程中，西部地区受到的冲击最大，其次为中部地区，而东北地区受到的影响最小。这表明 2020～2040 年，中部和西部地区将存在着显著的耕地占补平衡与生态保护冲突，应当对其重点关注。

表 5-9　2020～2040 年 SPP 下耕地占补平衡对生境质量影响

省（自治区、直辖市）	生境质量变化值
北京	−4.83
天津	−3.28
河北	−100.26
山西	−134.17

续表

省（自治区、直辖市）	生境质量变化值
内蒙古	−247.93
辽宁	−152.85
吉林	−135.91
黑龙江	−336.19
上海	−0.84
江苏	−37.74
浙江	−77.78
安徽	−64.76
福建	−94.54
江西	−199
山东	−55.42
河南	−52.44
湖北	−195.69
湖南	−264.54
广东	−179.36
广西	−269.15
海南	−35.04
重庆	−95.13
四川	−233.94
贵州	−235.03
云南	−252.83
西藏	−27.59
陕西	−176.58
甘肃	−147.17
青海	−17.32
宁夏	−32.99
新疆	−14.45
总计	−3874.75

5.3.1.2　SPN 下，耕地占补平衡对生境质量影响的未来趋势

如表 5-10 所示，对比分析我国 2040 年 SPN 下生境质量与 2020 年生境质量，2020～2040 年全国范围内的生境质量净变化总值为 –3879.8，平均净变化值为 –125.15，即跨省域耕地占补平衡政策下，我国未来的生境质量仍呈下降趋势，与省域内耕地占补平衡政策相比，跨省域耕地占补平衡政策下无论是总量还是平均水平均呈进一步下降趋势。31 个省（自治区、直辖市）在 2020～2040 年均处于生境质量下降的状态，其中下降较多的是黑龙江、广西和湖南，2020～2024 年，其生境质量下降幅度分别为 337.62、269.91 和 265.57，下降幅度最小的为上海，仅下降了 0.83。

从生境质量指数总值的值域分布来看，下降的区域表现出明显的三个层级：生境质量指数下降≤10、10<生境质量指数下降≤100、生境质量指数下降>100。其中生境质量指数下降≤10 的省（自治区、直辖市）按照生境质量指数下降总值从高到低分别是北京、天津和上海，这一值域区间的生境质量指数下降总值达到 8.82；10<生境质量指数下降≤100 的省（自治区、直辖市）共有 13 个，按照生境质量指数下降总值从高到低分别是河北、重庆、福建、浙江、安徽、山东、河南、江苏、海南、宁夏、西藏、青海和新疆，这一值域区间的生境质量指数下降总值达到 704.86；而生境质量指数下降>100 的省（自治区、直辖市）共有 15 个，按照生境质量指数下降总值从高到低分别是黑龙江、广西、湖南、云南、内蒙古、四川、贵州、江西、湖北、广东、陕西、辽宁、甘肃、吉林和山西，这一值域区间生境质量指数下降总值达到 3166.12。

从区域来看，2020～2040 年我国西部地区的生境质量指数净下降幅度最高，为 1755.97；其次为中部地区，净下降幅度为 911.34；而东部地区生境质量指数净下降幅度最低，为 586.10。因此，在执行跨省域耕地占补平衡政策过程中，受到冲击最大的地区为西部，其次为中部和东北地区，最后是东部地区，这一变化趋势与省域内耕地占补平衡政策相近。

表 5-10　SPN 下耕地占补平衡对生境质量影响

省（自治区、直辖市）	生境质量变化值
北京	–4.77
天津	–3.22
河北	–99.91

续表

省（自治区、直辖市）	生境质量变化值
山西	−134.05
内蒙古	−249.98
辽宁	−152.76
吉林	−136.01
黑龙江	−337.62
上海	−0.83
江苏	−37.05
浙江	−77.57
安徽	−64.72
福建	−94.37
江西	−198.89
山东	−54.9
河南	−52.29
湖北	−195.82
湖南	−265.57
广东	−178.46
广西	−269.91
海南	−35.02
重庆	−95.24
四川	−235.54
贵州	−235.02
云南	−252.76
西藏	−27.58
陕西	−176.57
甘肃	−147.16
青海	−17.72
宁夏	−33.98
新疆	−14.51
总计	−3879.8

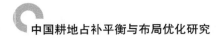

5.3.2 未来耕地占补平衡对生态系统碳储存服务的潜在影响

5.3.2.1 2020~2040 年 SPP 下耕地占补平衡对我国生态系统碳储存服务的影响

SPP 下,2040 年我国的生态系统碳储量为 103 151.91 百万吨,即 2020~2040年 SPP 下耕地占补平衡导致我国的生态系统碳储量减少 3320.08 百万吨。2020~2040 年,SPP 下耕地占补平衡对我国 31 个省(自治区、直辖市)的碳储量的影响如表 5-11 所示。31 个省(自治区、直辖市)中,耕地占补平衡对上海的碳储量具有轻微的积极作用,其碳储量增加了 0.11 百万吨。耕地占补平衡导致我国绝大多数省(自治区、直辖市)的碳储量减少,其中最严重的是黑龙江,其碳储量在耕地占补平衡作用下减少 879.98 百万吨;其次是内蒙古、青海和西藏,其碳储量分别减少 587.36 百万吨、422.88 百万吨、380.63 百万吨;新疆、吉林和北京的碳储量减少在 100~200 百万吨;其他省(自治区、直辖市)的碳储量减少相对较少。

表 5-11　SPP 下耕地占补平衡对我国 31 个省(自治区、直辖市)碳储量的影响

（单位：百万吨）

省（自治区、直辖市）	SPP
北京	−123.81
天津	−10.59
河北	−53.85
山西	−6.49
内蒙古	−587.36
辽宁	−57.26
吉林	−111.87
黑龙江	−879.98
上海	0.11
江苏	−31.12
浙江	−19.84
安徽	−10.73
福建	−15.41
江西	−19.85

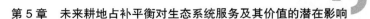

续表

省（自治区、直辖市）	SPP
山东	−33.92
河南	−7.36
湖北	−44.79
湖南	−48.36
广东	−48.06
广西	−52.28
海南	−9.45
重庆	−9.95
四川	−1.72
贵州	−12.12
云南	−27.24
西藏	−380.63
陕西	−15.27
甘肃	−95.75
青海	−422.88
宁夏	−5.34
新疆	−176.91
总计	−3320.08

5.3.2.2　2020～2040 年 SPN 下耕地占补平衡对我国生态系统碳储存服务的影响

SPN 下，2040 年我国的生态系统碳储量为 103 181.73 百万吨，比 2020 年减少 3290.25 百万吨。2020～2040 年 SPN 下耕地占补平衡对我国 31 个省（自治区、直辖市）生态系统碳储量的影响如表 5-12 所示。其中耕地占补平衡致使上海碳储量增加了 0.32 百万吨，具有一定的积极作用。耕地占补平衡导致我国绝大多数省（自治区、直辖市）的碳储量都减少，其中最严重的是黑龙江，其碳储量在耕地占补平衡作用下减少 882.71 百万吨；其次是内蒙古、青海和西藏，其碳储量分别减少 575.54 百万吨、422.88 百万吨和 380.63 百万吨；新疆、吉林和北京的碳储量减少在 100～200 百万吨；其他省（自治区、直辖市）的碳储量减少相对较少。

表 5-12　SPN 下耕地占补平衡作用对我国 31 个省（自治区、直辖市）碳储量的影响

（单位：百万吨）

省（自治区、直辖市）	SPN
北京	−137.27
天津	−8.5
河北	−51.14
山西	−6.08
内蒙古	−575.54
辽宁	−56.67
吉林	−108.65
黑龙江	−882.71
上海	0.32
江苏	−19.62
浙江	−17.98
安徽	−10.34
福建	−15.07
江西	−19.15
山东	−26.18
河南	−5.62
湖北	−47.03
湖南	−48.57
广东	−45.71
广西	−52.89
海南	−9.43
重庆	−10.94
四川	−1.35
贵州	−12.11
云南	−25.04
西藏	−380.63
陕西	−15.41

续表

省（自治区、直辖市）	SPN
甘肃	−95.75
青海	−422.88
宁夏	−5.34
新疆	−176.97
总计	−3290.25

5.3.3　未来耕地占补平衡对生态系统水土保持服务的潜在影响

为了分析我国水土保持服务在未来 SPP、SPN 下的变化趋势，本书基于 2020 年全国水土保持服务现状，分别探索了 2020 年与 2040 年两种情景下的时空演变规律，结果如表 5-13 所示。

5.3.3.1　SPP 下，耕地占补平衡对水土保持服务影响的未来趋势

对比分析我国 2040 年 SPP 下水土保持服务与 2020 年全国水土保持服务现状可知，2020～2040 年全国范围内的水土保持服务净变化总值为−735.55×10^8 吨，各省（自治区、直辖市）平均净变化值为−23.73×10^8 吨，即在省域内耕地占补平衡政策下，未来我国整体的水土保持服务呈下降趋势。31 个省（自治区、直辖市）中，共有 25 个省（自治区、直辖市）的水土保持服务由于耕地占补平衡而呈现下降状态，其中水土保持服务损失较大的为四川、重庆和湖南，这一时段内水土保持服务损失总量分别为 206.3×10^8 吨、185.61×10^8 吨和 86.69×10^8 吨；而水土保持服务损失较小的是上海、天津和新疆，水土保持服务的损失量分别为 0.02×10^8 吨、0.04×10^8 吨和 0.1×10^8 吨。有 6 个省（自治区、直辖市）的水土保持服务上升，其中上升最多的是福建，上升了 58.14×10^8 吨。

从区域来看，2020～2040 年，我国东部地区水土保持服务呈小幅度上升趋势，上涨幅度为 54.10×10^8 吨，而中部地区的水土保持服务下降幅度为 235.20×10^8 吨，西部地区的水土保持服务下降幅度为 541.13×10^8 吨，东北地区的水土保持服务下降幅度为 13.32×10^8 吨。因此，在省域内耕地占补平衡过程中，全国范围内水土保持服务呈现下降态势，尤其是西部地区，水土保持服务

下降幅度最大。

5.3.3.2 SPN 下，耕地占补平衡对水土保持服务影响的未来趋势

对比分析 2020 年我国水土保持服务现状与 2040 年 SPN 下水土保持服务可知，2020～2040 年在省域内耕地占补平衡政策下，未来我国整体的水土保持服务呈下降趋势，其净变化总值为 $-735.84×10^8$ 吨，平均净变化值为 $-23.74×10^8$ 吨。在 31 个省（自治区、直辖市）中水土保持服务损失居第一位的为四川，水土保持服务损失总量为 $206.82×10^8$ 吨；居第二位的是重庆，水土保持服务损失总量为 $185.67×10^8$ 吨；居第三位的是湖南，水土保持服务损失总量为 $86.7×10^8$ 吨。水土保持服务损失较小的是上海、天津和新疆，水土保持服务的损失量分别为 $0.02×10^8$ 吨、$0.04×10^8$ 吨和 $0.09×10^8$ 吨。有 6 个省（自治区、直辖市）的水土保持服务上升，其中上升最多的是福建，上升了 $58.04×10^8$ 吨。

从区域来看，2020～2040 年，我国跨省域耕地占补平衡过程中水土保持服务呈东升西降变化趋势，其中东部地区上升了 $54.49×10^8$ 吨；中部地区下降了 $235.15×10^8$ 吨；西部地区下降最大，为 $541.85×10^8$ 吨；东北地区下降了 $13.33×10^8$ 这一变化趋势与省域内耕地占补平衡政策相近。

表 5-13　SPP、SPN 下耕地占补平衡对水土保持服务的影响

（单位：10^8 吨）

省（自治区、直辖市）	SPP	SPN
北京	−0.49	−0.49
天津	−0.04	−0.04
河北	−7.76	−7.74
山西	−27.23	−27.24
内蒙古	−12.9	−12.9
辽宁	−8.91	−8.94
吉林	1.98	2.01
黑龙江	−6.39	−6.4
上海	−0.02	−0.02
江苏	−3.18	−3.18
浙江	18.85	19.35
安徽	−32.31	−32.32

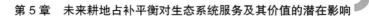

续表

省（自治区、直辖市）	SPP	SPN
福建	58.14	58.04
江西	−4.25	−4.26
山东	−9.81	−9.84
河南	−10.14	−10.06
湖北	−74.58	−74.57
湖南	−86.69	−86.7
广东	−5.17	−5.17
广西	−41.49	−41.61
海南	3.58	3.58
重庆	−185.61	−185.67
四川	−206.3	−206.82
贵州	−80.52	−80.52
云南	1.51	1.53
西藏	41.56	41.55
陕西	−20.85	−20.85
甘肃	−33.55	−33.59
青海	−1.29	−1.29
宁夏	−1.59	−1.59
新疆	−0.1	−0.09
总计	−735.55	−735.84

5.3.4 未来耕地占补平衡对生态系统水质净化服务的潜在影响

为了进一步分析在不同耕地占补平衡政策情景下水质净化服务的变化趋势，本书基于 2020 年全国水质净化现状，分别探索了 2020 年与 2040 年 SPN、SPP 两种情景下水质净化服务的时空演变规律，结果如表 5-14 所示。

5.3.4.1 SPN 下，耕地占补平衡政策对水质净化影响的未来趋势

对比分析我国 2040 年 SPN 下氮磷输出量与 2020 年全国氮磷输出量可知，

此情景下，2020～2040 年全国范围内的氮磷输出量变化量为 78 315.98 吨，即未来我国整体的水质净化能力呈现下降的趋势。其中北京、河南、江苏、山东、上海和天津共 6 个省（自治区、直辖市）的氮磷输出量均减少，分别减少 12.21 吨、364.98 吨、366.56 吨、1039.37 吨、20.74 吨和 27.34 吨。其余省（自治区、直辖市）的氮磷输出量均增加，其中氮磷输出量增加较多的为广西、湖南、江西，分别增加 9537.45 吨、7849.41 吨、7678.78 吨。结果表明，SPN 下我国 2020～2040 年将表现出明显的水质净化能力下降。

从地域分布来看，2020～2040 年，我国东部地区耕地占补平衡政策引起的氮磷输出量增加 11 408.99 吨，中部地区耕地占补平衡政策引起的氮磷输出量增加 20 736.03 吨，西部地区耕地占补平衡政策引起的氮磷输出量增加 38 883.05 吨，东北地区耕地占补平衡政策引起的氮磷输出量增加 7287.91 吨。因此，耕地占补平衡政策引起的氮磷输出量增加情况为西部>中部>东部>东北，说明 2020～2040 年，西部地区将存在着显著的耕地占补平衡与生态保护冲突，应当对其重点关注。

5.3.4.2　SPP 下，耕地占补平衡政策对水质净化影响的未来趋势

对比分析我国 2020～2040 年 SPP 下氮磷输出量可知，2020～2040 年我国整体的水质净化能力呈现下降趋势。其中北京氮磷输出量减少 10.52 吨，河南氮磷输出量减少 344.17 吨，江苏氮磷输出量减少 342.41 吨，山东氮磷输出量减少 993.16 吨，上海氮磷输出量减少 18.95 吨，天津氮磷输出量减少 24.99 吨。其余省（自治区、直辖市）的氮磷输出量均增加，其中广西氮磷输出增加量居第一位，为 9439.72 吨；湖南氮磷输出增加量居第二位，为 7843.98 吨；江西氮磷输出增加量居第三位，为 7695.21 吨。这与 SPN 下各省（自治区、直辖市）水质净化能力变化趋势相近。

从地域分布来看，2020～2040 年，我国东部地区耕地占补平衡政策引起的氮磷输出量增加 11 608.57 吨，中部地区耕地占补平衡政策引起的氮磷输出量增加 20 757.52 吨，西部地区耕地占补平衡政策引起的氮磷输出量增加 38 632.63 吨，东北地区耕地占补平衡政策引起的氮磷输出量增加 7213.43 吨。因此，省域内耕地占补平衡政策导致的氮磷输出量西部地区增加最多，东部地区增加最少，2020～2040 年应当重点关注西部地区耕地占补平衡与生态保护冲突问题。

表 5-14 SPN、SPP 下的水质净化时空演变 （单位：吨）

省（自治区、直辖市）	SPN	SPP
北京	−12.21	−10.52
天津	−27.34	−24.99
河北	543.79	566.79
山西	1173.83	1181.18
内蒙古	2171.42	2166.29
辽宁	1634.01	1652.56
吉林	1739.51	1730.23
黑龙江	3914.39	3830.64
上海	−20.74	−18.95
江苏	−366.56	−342.41
浙江	2441.39	2470.11
安徽	11.59	21.98
福建	3691.37	3697.27
江西	7678.78	7695.21
山东	−1039.37	−993.16
河南	−364.98	−344.17
湖北	4387.40	4359.34
湖南	7849.41	7843.98
广东	5541.67	5607.02
广西	9537.45	9439.72
海南	656.99	657.41
重庆	2094.86	2084.09
四川	4572.19	4428.16
贵州	6193.07	6194.28
云南	7052.65	7055.64
西藏	829.33	829.33
陕西	3347.40	3350.14
甘肃	2311.89	2312.57

省（自治区、直辖市）	SPN	SPP
青海	370.51	370.51
宁夏	325.09	325.08
新疆	77.19	76.82
总计	78 315.98	78 212.15

5.3.5　未来耕地占补平衡对生态系统产水服务的潜在影响

不同力度和尺度的耕地占补平衡政策对生态系统产水服务会带来不同的影响。因此，本书基于 SPN 和 SPP，分别模拟我国 2040 年的土地利用变化情况，计算其产水量情况，结果如表 5-15 所示。

SPN 和 SPP 下，各省（自治区、直辖市）的平均产水量值存在差异。从全国来看，SPN 下平均产水量比 SPP 下平均产水量少 0.05 毫米。就各省（自治区、直辖市）的平均值来看，两种情景下各省（自治区、直辖市）平均产水量的分布相似，大致上呈现出由东南沿海向西北内陆逐渐递减的趋势。海南、江西、福建、浙江、广东、湖南平均产水量较高，两种情景下其平均产水量均高于 1100 毫米；内蒙古、宁夏、新疆由于其纬度高、深处内陆、降水少，其平均产水量均低于 100 毫米。

表 5-15　SPN、SPP 下各省（自治区、直辖市）产水量平均值　（单位：毫米）

省（自治区、直辖市）	SPN	SPP
北京	124.83	124.85
天津	108.48	108.67
河北	141.96	142.00
山西	221.15	221.15
内蒙古	60.71	60.71
辽宁	359.72	359.75
吉林	338.08	338.06
黑龙江	261.66	261.53
上海	688.03	688.24

续表

省（自治区、直辖市）	SPN	SPP
江苏	615.61	616.26
浙江	1278.42	1278.50
安徽	845.14	845.15
福建	1308.78	1308.78
江西	1344.10	1344.12
山东	325.21	325.44
河南	491.19	491.24
湖北	945.35	945.28
湖南	1128.80	1128.79
广东	1279.19	1279.23
广西	1008.95	1008.95
海南	1157.96	1157.97
重庆	920.22	920.21
四川	595.68	595.67
贵州	872.81	872.81
云南	673.69	673.69
西藏	193.54	193.54
陕西	358.83	358.83
甘肃	129.57	129.57
青海	147.61	147.61
宁夏	75.84	75.84
新疆	15.31	15.31
均值	581.17	581.22

　　为了进一步分析耕地占补平衡政策对生态系统产水服务所带来的影响，分别计算了 SPN 和 SPP 下各省（自治区、直辖市）因耕地占补平衡政策所导致的平均产水量的变化，结果如表 5-16。

　　在 SPN 下，我国少数省（自治区、直辖市）的产水量有所增加，大部分省

（自治区、直辖市）的产水量出现了下降。其中，福建、广东、海南、江西、西藏、新疆、云南、浙江的产水量分别增加了 187.53 毫米、69.49 毫米、66.27 毫米、77.01 毫米、43.64 毫米、2.20 毫米、23.47 毫米、57.17 毫米。其余省（自治区、直辖市）的产水量均下降，其中产水量下降较多的为安徽、江苏、山东，分别下降了 215.23 毫米、214.98 毫米、202.76 毫米。

SPP 与 SPN 相近，除少数省（自治区、直辖市）的产水量有所增加外，大部分省（自治区、直辖市）的产水量均呈现下降趋势，其中产水量下降居第一位的是安徽，产水量下降了 215.22 毫米；产水量下降居第二位的是江苏，产水量下降了 214.13 毫米；产水量下降居第三位的是山东，产水量下降了 202.34 毫米。

表 5-16　SPN、SPP 下省域平均产水量与 2020 年对比　　（单位：毫米）

省（自治区、直辖市）	SPN	SPP
北京	−124.39	−123.90
天津	−132.75	−132.08
河北	−100.18	−100.01
山西	−96.45	−96.42
内蒙古	−48.90	−48.89
辽宁	−79.55	−79.53
吉林	−0.28	−0.28
黑龙江	−60.44	−60.51
上海	−128.48	−128.20
江苏	−214.98	−214.13
浙江	57.17	57.10
安徽	−215.23	−215.22
福建	187.53	187.56
江西	77.01	77.01
山东	−202.76	−202.34
河南	−138.09	−137.96
湖北	−161.89	−161.92
湖南	−51.81	−51.82
广东	69.49	69.69

续表

省（自治区、直辖市）	SPN	SPP
广西	−19.88	−19.96
海南	66.27	66.31
重庆	−96.66	−96.62
四川	−63.84	−63.87
贵州	−79.47	−79.47
云南	23.47	23.46
西藏	43.64	43.64
陕西	−33.67	−33.67
甘肃	−37.90	−37.90
青海	−12.19	−12.19
宁夏	−22.79	−22.79
新疆	2.20	2.15
均值	−51.48	−51.38

5.4　未来耕地占补平衡对生态系统服务价值的潜在影响

在模拟 2040 年土地利用状况的基础上，本书结合价值当量法（谢高地等，2008）分析耕地占补平衡政策对生态系统服务价值量影响的未来趋势，为合理评价和度量耕地占补平衡政策的生态影响奠定基础。

第 5.2 节已经描述了两种情景下，耕地占补平衡引起的生态用地的流失状况。生态用地的流失必然会对区域生态环境质量、生态系统服务造成负面的影响，因此有必要分析和度量未来耕地占补平衡政策对生态系统服务及其价值的影响。

按照第 4.2.6 节的价值当量法的评价过程，本书分析了我国 2020～2040 年的生态系统服务状况（表 5-17）。两种情景（SPP、SPN）下我国 2040 年的生态系统服务价值总量均低于 2020 年状况。从生态系统服务价值总量上来看，SPP 下的生态系统服务价值下降了 7.14%，SPN 下的生态系统服务价值下降了 7.16%。

从单个生态系统变化来看,耕地生态系统服务价值在 SPP 和 SPN 下都有所上升,SPN 下的耕地生态系统服务增加量略大于 SPP。在 SPP 和 SPN 下,林地、草地、水域的生态系统服务价值都有不同程度的下降,下降的幅度在 5%之内。同时,无论是 SPP 还是 SPN,湿地生态系统服务价值的下降比重都远高于其他生态系统,两种情景下湿地生态系统服务价值的下降幅度均高达 44.27%,这说明了在未来我国发展过程中,湿地可能会被大量用于城市建设与耕地补充。

表 5-17　2020～2040 年生态系统服务价值变化

地类	生态系统服务价值量/亿元			2020～2040 年生态系统服务价值变动率/%	
	2020 年	2040 年（SPP）	2040 年（SPN）	2040 年（SPP）	2040 年（SPN）
耕地	19 196.96	19 278.59	19 282.91	0.43	0.45
林地	87 777.95	86 170.35	86 136.72	−1.83	−1.87
草地	43 943.65	43 580.15	43 577.85	−0.83	−0.83
水域	2775.89	2675.42	2675.42	−3.62	−3.62
湿地	25 500.72	14 210.98	14 210.98	−44.27	−44.27
未利用地	4004.12	4195.41	4194.87	4.78	4.76
合计	183 199.30	170 110.90	170 078.75	−7.14	−7.16

在分析各生态系统服务价值变化的基础上,本书进一步分析了生态系统各项服务价值量变化的状况（表 5-18）。

两种情景下,生态系统服务均是废物处理服务的价值量下降的比率最大,由此可见未来生态系统服务在废物处理服务方面的能力下降。除了废物处理服务下降比率较大,气候调节服务、水文调节服务、美学景观服务下降比重也比较大,两种情景下均超过了 8%。食物生产、原材料生产、土壤保持下降的比重在 3%以内。

表 5-18　我国 2020～2040 年生态系统服务价值量变化

生态系统服务		生态系统服务价值/亿元			2020～2040 年变化率/%	
		2020 年	2040 年（SPP）	2040 年（SPN）	2040 年（SPP）	2040 年（SPN）
供给服务	食物生产	5336.95	5242.39	5242.45	−1.77	−1.77
	原材料生产	11 853.90	11 631.60	11 628.17	−1.88	−1.90

生态系统服务		生态系统服务价值/亿元			2020～2040 年变化率/%	
		2020 年	2040 年（SPP）	2040 年（SPN）	2040 年（SPP）	2040 年（SPN）
调节服务	气体调节	22 209.12	21 433.22	21 428.12	−3.49	−3.52
	气候调节	27 745.43	24 694.44	24 689.75	−11.00	−11.01
	水文调节	27 970.01	24 894.46	24 889.66	−11.00	−11.01
	废物处理	22 079.79	18 989.31	18 987.65	−14.00	−14.00
支持服务	土壤保持	25 996.84	25 324.72	25 320.21	−2.59	−2.60
	生物多样性	26 678.58	25 659.86	25 654.50	−3.82	−3.84
文化服务	美学景观	13 328.71	12 240.89	12 238.23	−8.16	−8.18
合计		183 199.30	170 110.89	170 078.74	−7.14	−7.16

第 5.2 节中已经讨论了未来耕地占补平衡对生态用地的影响，在耕地占补平衡的作用下，生态用地会产生一定数量的流失。生态用地数量的流失必然造成区域生态系统服务价值量的下降，因此在第 5.2 节生态用地流失的基础上进一步讨论未来耕地占补平衡对生态系统服务价值的影响。

SPP 下，2020～2040 年，由于耕地占补平衡政策的影响，一部分林地、草地、湿地、未利用地转化为耕地，造成了耕地生态系统服务价值量的上升，耕地生态系统服务价值量共上升 81.63 亿元。通过价值当量法的测算，如表 5-19、表 5-20 所示，湿地转化为耕地造成的损失量比较高，达 11 289.74 亿元。林地、草地分别带来了 1607.6 亿元、363.5 亿元的损失量，未利用地带来了 191.29 亿元的生态系统服务价值的增量。总体来看，SPP 下，2020～2040 年，耕地占补平衡造成的生态系统服务价值减少为 13 069.55 亿元。城市建设用地和农村建设用地分别带来了 324.58 亿元和 1807.01 亿元的生态系统服务价值的增量。

表 5-19　SPP 下未来耕地补充对生态系统服务价值的影响

新增耕地来源	面积/千米²	面积百分比/%	生态系统服务价值变化量/亿元
林地	296 209	57.35	−1607.6
草地	166 692	32.27	−363.5
湿地	42 348	8.20	−11 289.74
未利用地	11 241	2.18	191.29

表 5-20　SPP 下未来耕地占用对生态系统服务价值的影响

占用耕地来源	面积/千米^2	面积百分比/%	生态系统服务价值变化量/亿元
城市建设用地	18 639	15.23	324.58
农村建设用地	103 767	84.77	1807.01

2020～2040 年，SPN 与 SPP 相近，耕地生态系统服务价值量呈现上升趋势，但比 SPP 耕地生态系统服务价值量多 4.32 亿元。通过价值当量法的测算（表 5-21、表 5-22），整体上耕地占补平衡造成的生态系统服务价值减少 13 106.02 亿元。其中湿地、林地和草地分别带来了 11 289.74 亿元、1641.23 亿元、365.8 亿元的损失量，未利用地带来了 190.75 亿元的生态系统服务价值的增量。

表 5-21　SPN 下未来耕地补充对生态系统服务价值的影响

新增耕地来源	面积/千米^2	面积百分比/%	生态系统服务价值变化量/亿元
林地	296 333	57.37	−1641.23
草地	166 653	32.26	−365.8
湿地	42 321	8.19	−11 289.74
未利用地	11 238	2.18	190.75

表 5-22　SPN 下未来耕地占用对生态系统服务价值的影响

占用耕地来源	面积/千米^2	面积百分比/%	生态系统服务价值变化量/亿元
城市建设用地	18 639	15.23	324.58
农村建设用地	103 767	84.77	1807.01

5.5　小　结

本章通过对 SPP、SPN 两种情景下耕地占补平衡政策所导致的生态系统服务价值进行仔细分析以及对比，探索不同省份在不同政策下所表现出的生态系统服务价值损失的特征。

（1）我国整体生境质量在 SPP 下呈下降趋势，尤其是西部地区受到的冲击最大，其次为中部地区，然后是东北地区，而东部地区影响最小。各地区生境

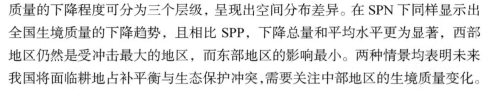

质量的下降程度可分为三个层级，呈现出空间分布差异。在 SPN 下同样显示出全国生境质量的下降趋势，且相比 SPP，下降总量和平均水平更为显著，西部地区仍然是受冲击最大的地区，而东部地区的影响最小。两种情景均表明未来我国将面临耕地占补平衡与生态保护冲突，需要关注中部地区的生境质量变化。

（2）我国生态系统碳储量在 SPP 下，减少了 3320.08 百万吨，其中耕地占补平衡对绝大多数地区均呈现负面效应，尤其在黑龙江、内蒙古、青海等地，碳储量减少较为显著。SPN 下，生态系统碳储量减少了 3290.25 百万吨，上海的碳储量则小幅增加。耕地占补平衡对我国多数地区依然呈现负面影响，与 SPP 相似。总体而言，两种情景下，耕地占补平衡对我国的碳储量影响较为一致，导致绝大多数地区碳储量减少，但在个别地区表现出一定的异质性。

（3）我国水土保持服务在 SPP 下呈下降趋势，尤其在西部地区下降最为显著。SPN 下，水土保持服务整体呈下降趋势，下降程度与 SPP 相近。总体而言，两种情景下水土保持服务的变化趋势相近。

（4）我国氮磷输出量在 SPN 下呈增加趋势，尤其是中部和西部地区显著增加。SPP 下，水质净化能力整体呈下降趋势，且中部和西部地区同样面临占补平衡与生态保护冲突，与 SPN 相近。

（5）SPN 下我国平均产水量为 581.17 毫米，而 SPP 下为 581.22 毫米。尽管两种情景下不同省份的平均产水量呈现相似的趋势，但仍存在差异。具体而言，福建、广东、海南等省份在 SPN 和 SPP 下的产水量增加，而安徽、江苏、山东等产水量下降较多。

本章参考文献

谢高地,甄霖,鲁春霞,等. 2008. 中国发展的可持续性状态与趋势——一个基于自然资源基础的评价. 资源科学, （9）: 1349-1355.

Ke X, Van V J, Zhou T, et al. 2018. Direct and indirect loss of natural habitat due to built-up area expansion: A model-based analysis for the city of Wuhan, China. Land use policy, 74, 231-239.

第 6 章
权衡粮食安全与生态保育的耕地
利用布局优化

6.1 耕地利用布局优化思路

权衡粮食安全与生态保育的耕地利用布局优化的基本思路为：在保证耕地生产力总量不下降、满足区域城市发展对建设用地需求的前提下，实现生态系统服务价值最大化（蔡玉梅等，2005；陈百明等，2003；丛明珠等，2008；邓静中，1964）。具体而言，在保证耕地生产力总量不下降以及满足建设用地需求的前提下，为了最大限度地保障生态系统服务价值，设定在耕地补充过程中优先将生态系统服务价值低的地类补充为耕地，降低其转换为耕地的概率（黄慧和柯新利，2020）。将生态系统服务价值最大化设定为优化目标，在满足耕地生产力总量平衡和建设用地的条件下，尽可能地保护生态系统服务价值高的地类，从而减少生态系统服务价值的损失，实现生态系统服务价值的最大化（冯红燕等，2010；甘永萍，1997；龚建周等，2010；何春阳等，2002）。

6.2 耕地利用布局优化方法

实现权衡耕地保护与生态保育的土地利用布局优化的重要方法是

LANDSCAPE。该模型是一种对传统的元胞自动机模型进行改进的模型，使其具备表达土地利用变化规律与速率空间异质性的能力（柯新利等，2016；黎夏和叶嘉安，2004）。本书基于分区异步元胞自动机，提出权衡耕地保护与生态保育的土地利用布局优化模型，从区际土地资源配置的角度出发，综合考虑区域间建设用地需求与耕地保护（柯新利等，2014；刘小平等，2006），在此基础上，采用 LANDSCAPE 模拟城市建设用地扩张的时空演化过程，在耕地资源维持不变的前提下，根据生态系统服务价值设定约束条件，实现耕地资源与生态用地的合理分配与布局。

优化区域间的土地利用状况，其主要目标是实现跨区域土地资源的合理分布以及生态环境的保护，既能够满足各个区域经济建设对建设用地的需要以及保证耕地资源的动态平衡，又能够实现生态保育（Aerts et al.，2003；Aerts et al.，2005；Ligmann-Zielinska et al.，2008；Cao et al.，2012；Cocks and Baird，1989）。本书以区域内不同地区建设用地需求量为基础，与区域土地利用变化的规律相结合，利用 LANDSCAPE 构建权衡耕地保护与生态保育的土地利用布局优化模型，有效协调耕地保护与生态保育的发展，实现土地资源的优化配置与合理布局（Lesschen et al.，2007；Ligmann-Zielinska et al.，2008；Liu et al.，2012a；Liu et al.，2013；Liu et al.，2012b；Liu et al.，2015）。

6.3　耕地利用布局优化结果

6.3.1　基于全国尺度耕地生产力总量平衡的耕地利用布局优化效果

基于我国 2020 年土地利用数据，采用 LANDSCAPE 开展权衡粮食安全与生态保育的土地布局优化，得到 2040 年优化后的耕地利用布局。对比优化前后我国 31 个省（自治区、直辖市）的生态系统服务价值，优化效果如表 6-1 所示。

表 6-1　我国 31 个省（自治区、直辖市）全国尺度优化前后的生态系统服务价值

（单位：亿元）

省（自治区、直辖市）	未优化布局	优化布局	优化效果
黑龙江	20 559.42	20 608.30	48.88
新疆	25 344.21	25 343.13	−1.08
山西	5136.86	5140.22	3.36
宁夏	1180.10	1184.09	3.99
西藏	36 567.15	36 567.20	0.05
山东	3330.98	3344.36	13.38
河南	4207.51	4223.34	15.83
江苏	2720.44	2746.85	26.41
安徽	4430.82	4447.66	16.84
湖北	8428.00	8463.93	35.93
浙江	4718.35	4727.48	9.13
江西	8204.85	8210.18	5.33
湖南	10 296.50	10 306.32	9.82
云南	17 310.12	17 311.55	1.43
贵州	7527.17	7527.15	−0.02
福建	5679.97	5679.93	−0.04
广西	11 317.85	11 318.62	0.77
广东	8219.11	8222.77	3.66
海南	1621.70	1622.14	0.44
吉林	7620.95	7631.60	10.65
辽宁	5372.37	5380.43	8.06
天津	337.53	341.14	3.61
青海	17 579.64	17 579.65	0.01
甘肃	8425.30	8427.32	2.02
陕西	6363.43	6365.72	2.29
内蒙古	30 634.30	30 637.62	3.32
重庆	2907.26	2914.54	7.28
河北	5342.98	5352.03	9.05
上海	71.05	73.78	2.73

续表

省（自治区、直辖市）	未优化布局	优化布局	优化效果
北京	599.77	601.99	2.22
四川	17 537.96	17 577.69	39.73
总计	289 593.65	289 878.73	285.08

优化前，全国生态系统服务价值总计为 289 593.65 亿元。生态系统服务价值较高的是西藏、内蒙古、新疆、黑龙江、青海，其中西藏生态系统服务价值最高，为 36 567.15 亿元；生态系统服务价值较低的是上海、天津、北京、宁夏、海南，其中上海生态系统服务价值最低，为 71.05 亿元。生态系统服务价值较高的省份位于我国西北地区和东北地区，经济发展较为缓慢，土地开发强度小，建设用地较少，生态用地较多，生态环境良好，因此，生态系统服务价值较高。生态系统服务价值较低的省份位于我国东南沿海和华北地区，土地开发强度大，建设用地较多，生态用地较少，因此，生态系统服务价值较低（宋小青，2008；孙伟等，2008；田建林等，2006；王万茂，2008；王秀红等，2001；王虚等，1995；吴传钧和郭焕成，1994；吴彦山等，2007）。

优化后，全国生态系统服务价值总计为 289 878.73 亿元。生态系统服务价值较高的是西藏、内蒙古、新疆、黑龙江、青海，其中西藏生态系统服务价值最高，为 36 567.20 亿元；生态系统服务价值较低的是上海、天津、北京、宁夏、海南，其中上海生态系统服务价值最低，为 73.78 亿元。与优化前相同，生态系统服务价值较高的省份位于我国西北地区和东北地区，生态系统服务价值较低的省份位于我国东南沿海和华北地区。

对比优化前与优化后，全国生态系统服务价值增加 285.08 亿元，说明优化后的土地利用布局能够较好地满足生态保育的目标，优化效果良好。优化后，新疆、福建、贵州生态系统服务价值减少，分别减少 1.08 亿元、0.04 亿元、0.02 亿元，其余各省（自治区、直辖市）生态系统服务价值均为增加。生态系统服务价值增加值较高的为黑龙江、四川、湖北、江苏、安徽，其中黑龙江生态系统服务价值增加值最高，为 48.88 亿元。生态系统服务价值增加值较低的为青海、西藏、海南、广西、云南，其中青海生态系统服务价值增加值最低，为 0.01 亿元。

6.3.2 基于省级尺度耕地生产力总量平衡的耕地利用布局优化效果

基于 LANDSCAPE 对我国 2020 年土地利用状况进行模拟，得到 2040 年省域尺度优化后的耕地利用布局。通过测算我国 31 个省（自治区、直辖市）的生态系统服务价值，得出各地区的优化效果，如表 6-2 所示。

表 6-2 我国 31 个省（自治区、直辖市）省域尺度优化前后的生态系统服务价值

（单位：亿元）

省（自治区、直辖市）	未优化布局	优化布局	优化效果
黑龙江	20 624.77	20 624.97	0.20
新疆	25 354.82	25 357.69	2.87
山西	5137.03	5139.91	2.88
宁夏	1184.41	1183.81	−0.60
西藏	36 566.64	36 567.16	0.52
山东	3326.98	3345.42	18.44
河南	4205.77	4223.15	17.38
江苏	2711.69	2746.11	34.42
安徽	4432.39	4447.16	14.77
湖北	8442.46	8463.31	20.85
浙江	4706.32	4728.48	22.16
江西	8202.38	8210.46	8.08
湖南	10 288.33	10 305.21	16.88
云南	17 308.30	17 311.17	2.87
贵州	7526.36	7527.05	0.69
福建	5676.83	5680.05	3.22
广西	11 313.94	11 318.52	4.58
广东	8205.80	8221.92	16.12
海南	1620.92	1622.14	1.22
吉林	7624.88	7629.76	4.88
辽宁	5372.71	5380.12	7.41
天津	337.46	341.34	3.88

省（自治区、直辖市）	未优化布局	优化布局	优化效果
青海	17 579.51	17 579.64	0.13
甘肃	8425.98	8426.82	0.84
陕西	6363.48	6364.81	1.33
内蒙古	30 638.62	30 640.74	2.12
重庆	2912.26	2915.74	3.48
河北	5343.78	5352.29	8.51
上海	70.00	76.10	6.10
北京	599.70	602.40	2.70
四川	17 582.06	17 585.01	2.95
总计	289 686.58	289 918.46	231.88

优化前，全国生态系统服务价值总计 289 686.58 亿元。其中西藏生态系统服务价值居首位，内蒙古生态系统服务价值居第二位，新疆生态系统服务价值居第三位，黑龙江生态系统服务价值居第四位，四川生态系统服务价值居第五位，5 个省（自治区）生态系统服务价值总计 130 766.91 亿元；上海生态系统服务价值最低，其次为天津、北京、宁夏、海南，5 个省（自治区、直辖市）生态系统服务价值总计仅 3812.49 亿元。整体上看，全国东南沿海和华北地区生态系统服务价值较低，而西北地区和东北地区生态系统服务价值较高。

优化后，全国生态系统服务价值总计 289 918.46 亿元。其中西藏、内蒙古、新疆、黑龙江、四川生态系统服务价值最高，合计 130 775.57 亿元；上海、天津、北京、宁夏、海南生态系统服务价值最低，合计 3825.79 亿元。生态系统服务价值高值区与低值区的地域分布与优化前相同。

基于优化前后对比，全国生态系统服务价值增加 231.88 亿元，其中江苏生态系统服务价值增加值居首位，浙江生态系统服务价值增加值居第二位，湖北生态系统服务价值增加值居第三位，山东生态系统服务价值增加值居第四位，河南生态系统服务价值增加值居第五位，说明优化后的土地利用布局能够较好地满足生态保育的目标，优化效果良好。青海、黑龙江、西藏、贵州、甘肃生态系统服务价值增加值最低，其中青海生态系统服务价值增加值仅为 0.13 亿元。生态系统服务价值增加值较高的省份位于东南沿海、中部地区和华北地区，说明对于这些地区，基于省域尺度耕地保护的土地利用布局优化能够起到保障生态系统服务价值的作用。这些地区经济发展较为迅速，土地开发强度大，生态用地资源短缺，通过土地利用布局优化做到协调城市扩张、耕地保护与生态保育，具有十分重要的意义（徐邓耀和税远友，1996；姚晓军等，2005；张彤吉等，2007；张雅杰等，2007；张永民等，2003；甄静，2006）。生态系统服务价值增加值较低的省份位于西部地区和东北地区，这些地区生态环境良好，通过土地利用布局优化保护现有生态用地，避免城市扩张与耕地保护对于生态用地的占用和破坏，具有十分重要的意义。

6.4 小　　结

本书采用 LANDSCAPE 优化我国 2040 年耕地利用布局，通过与未优化耕地利用布局相对比，得出的主要研究结论为：通过开展耕地优化布局，基于全国尺度耕地生产力总量平衡的耕地利用布局优化和基于省级尺度耕地生产力总量平衡的耕地利用布局优化效果均可对生态系统服务价值起到保护作用，优化效果良好。对于生态系统服务价值总量水平而言，基于全国尺度耕地生产力总量平衡的耕地利用布局优化效果更为明显。

由此可见，LANDSCAPE 是模拟区域土地利用优化配置的有效方法（Liu et al.，2002；Stewart et al.，2004；Verburg et al.，2006）。在实际土地利用优化配置过程中，如果将影响土地利用变化的社会经济因素、城市发展目标与模式等因素内化为模型的参数，将会使优化方案更加合理可行。

本章参考文献

蔡玉梅，郑振源，马彦琳. 2005. 中国土地利用规划的理论和方法探讨. 中国土地科学，19（5）：31-35.

陈百明，等. 2003. 中国土地利用与生态特征区划. 北京：气象出版社.

陈国阶. 2002. 论生态安全. 重庆环境科学，4（3）：1-3, 18.

丛明珠，欧向军，赵清，等. 2008. 基于主成分分析法的江苏省土地利用综合分区研究. 地理研究，27（3）：574-582.

邓静中. 1964. 我国土地利用现状区划//农业部全国土壤普查办公室. 中国农业土壤志. 北

京：农业出版社, 23-48.

冯红燕, 谭永忠, 王庆日, 等. 2010. 中国土地利用分区研究综述. 中国土地科学, 24（8）: 71-76.

甘永萍. 1997. 聚类分析方法在土地利用区划中的应用——以广西河池市为例. 广西师院学报（自然科学版）, 14（2）: 9-13.

龚建周, 刘彦随, 张灵. 2010. 广州市土地利用结构优化配置及其潜力. 地理学报, 65（11）: 1391-1400.

何春阳, 陈晋, 史培军, 等. 2002. 基于 CA 的城市空间动态模型研究. 地球科学进展, （2）: 188-195, 303.

黄慧, 柯新利. 2020. 权衡耕地保护与城市扩张的永久基本农田划定——以武汉市为例. 地球信息科学学报, 22（3）: 592-604.

柯新利, 孟芬, 马才学. 2014. 基于粮食安全与经济发展差异的土地资源优化配置——以武汉城市图为例. 资源科学, 36（8）: 1572-1578.

柯新利, 郑伟伟, 杨柏寒. 2016. 权衡城市扩张、耕地保护与生态保育的土地利用布局优化——以武汉市为例. 地理与地理信息科学, 32（5）: 9-13, 51, 2.

黎夏, 叶嘉安. 2004. 知识发现及地理元胞自动机. 中国科学（D 辑: 地球科学）, 34（9）: 865-872.

李倩, 刁承泰. 2006. 江津市土地利用分区研究. 国土资源科技管理, 23（3）: 42-46.

李乔, 唐景新. 1998. 干旱绿洲区土地利用分区理论与方法研究——以新疆吐鲁番市土地利用分区为例. 干旱区研究, 15（3）: 60-64.

李鑫, 李宁, 欧名豪. 2016. 土地利用结构与布局优化研究述评. 干旱区资源与环境, 30（11）: 103-110.

李鑫, 马晓冬, 肖长江, 等. 2015. 基于 CLUE-S 模型的区域土地利用布局优化. 经济地理, 35（1）: 162-167, 172.

李鑫, 欧名豪, 刘建生, 等. 2014. 基于不确定性理论的区域土地利用结构优化. 农业工程学报, 30（4）: 176-184.

廖晓勇, 陈治谏, 王海明, 等. 2009. 西藏土地利用综合分区. 山地学报, 27（1）: 96-101.

刘小平, 黎夏, 艾彬, 等. 2006. 基于多智能体的土地利用模拟与规划模型. 地理学报, 61（10）: 1101-1112.

刘彦随. 1999. 土地利用优化配置中系列模型的应用——以乐清市为例. 地理科学进展, 18（1）: 26-31.

刘艳芳, 李兴林, 龚红波. 2005. 基于遗传算法的土地利用结构优化研究. 武汉大学学报（信息科学版）, 30（4）: 288-292.

刘耀林, 汤青慧. 2003. 基于理想点法在土地利用结构优化中的应用. 国土资源科技管理, 20（6）: 64-68.

刘耀林, 刘殿锋. 2014. 土地利用优化配置人工免疫并行决策支持系统. 武汉大学学报（信息科学版）, 39（2）: 166-171.

罗鼎, 月卿, 邵晓梅, 等. 2009. 土地利用空间优化配置研究进展与展望. 地理科学进展, 28（5）: 791-797.

欧名豪. 2001. 土地用途分区体系探讨. 南京农业大学学报, 24（3）: 111-115.

彭建, 王军. 2006. 基于 Kohonen 神经网络的中国土地资源综合分区. 资源科学, 28（1）: 43-50.

宋小青. 2008. 基于产业发展及其用地关系的土地利用分区研究——以长株潭城市群为例. 国土资源科技管理, 25（3）: 51-58.

孙伟, 严长清, 陈江龙, 等. 2008. 基于自然生态约束的滨湖城市土地利用分区——以无锡市区为例. 资源科学, 30（6）: 925-931.

田建林, 雷平, 石军南. 2006. QuickBird 影像目视判读在土地利用类型调查中的应用研究. 四川林勘设计, （1）: 4-48.

王万茂. 2008. 土地利用规划学. 7 版. 北京: 中国大地出版社, 276-325.

王秀红, 何书金, 张镱锂, 等. 2001. 基于因子分析的中国西部土地利用程度分区. 地理研究, 20（6）: 731-738.

王虚, 张正雄, 李学明, 等. 1995. 聚类分析在土地利用分区中的应用. 安徽农业科学, 23（4）: 360-362.

吴传钧, 郭焕成. 1994. 中国土地利用. 北京: 科学出版社.

吴彦山, 廖和平, 王生, 等. 2007. 土地利用分区研究——以重庆开县为例. 西南大学学报（自然科学版）, 29（12）: 151-155.

谢高地, 甄霖, 鲁春霞, 等. 2008. 一个基于专家知识的生态系统服务价值化方法. 自然资源学报, 23（5）: 911-919.

徐邓耀, 税远友. 1996. 论土地利用分区. 四川师范学院学报（自然科学版）, 17（2）: 71-74.

严金明. 1996. 土地利用结构的系统分析与优化设计——以南京市为例. 南京农业大学学报, （2）: 88-95.

严金明. 2002. 简论土地利用结构优化与模型设计. 中国土地科学, 16（4）: 20-25.

姚晓军, 马金辉, 年雁云, 等. 2005. 最小方差法在甘肃省土地利用分区中的应用. 甘肃科学学报, 17（1）: 48-52.

张彤吉, 赵言文, 朱闪闪. 2007. 基于 SPSS 的长三角土地利用分区研究. 江西农业学报, 19（11）: 77-80.

张雅杰, 张俊玲, 杨洋, 等. 2007. 层次聚类分析法在连州市土地利用分区中的应用. 国土资源科技管理, （5）: 71-76.

张永民, 赵士洞, P. H. Verburg. 2003. CLUE-S 模型及其在奈曼旗土地利用时空动态变化模拟中的应用. 自然资源学报, （3）: 310-318.

甄静. 2006. 基于 GIS 的西安市土地利用分区方法研究. 西安: 长安大学.

郑群英, 周生路, 任奎. 2009. 土地利用结构优化生态效益考量方法研究——以南京江宁区为例. 资源科学, 31（4）: 634-640.

郑新奇. 1996. 山东省土地利用分区界线模型判别的探讨. 农业系统科学与综合研究, 12（3）: 172-175.

中国农村经济区域发展研究/全国农业资源区划办公室等. 1999. 中国农村经济区划——中国农村经济区域发展研究. 北京: 科学出版社.

周生路, 傅重林, 王铁成, 等. 2000. 土地利用地域分区方法研究——以桂林市为例. 土壤, 32（1）: 6-10.

Aerts J C J H, Eisinger E, Heuvelink G B M, et al. 2003. Using linear integer programming for multi-site land-use allocation. Geographical Analysis, 35（2）: 148-169.

Aerts J, van Herwijnen M, Janssen R, et al. 2005. Evaluating spatial design techniques for solving land-use allocation problems. Journal of Environmental Planning and Management, 48（1）: 121-142.

Cao K, Huang B, Wang S W, et al. 2012. Sustainable land use optimization using the Boundary-based Fast Genetic Algorithm. Computers Environment and Urban Systems, 36（3）: 257-269.

Cocks K D, Baird I A. 1989. Using mathematical programming to address the multiple reserve selection problem: an example is from the Eyre Peninsula, South Australia. Biological Conservation, 49（2）: 113-130.

Lesschen J P, Kok K, Verburg P H, et al. 2007. Identification of vulnerable areas for gully erosion under different scenarios of land abandonment in Southeast Spain. Catena, 71（1）: 110-121.

Ligmann-Zielinska A, Church R, Jankowski P. 2008. Spatial optimization as a generative technique for sustainable multiobjective land-use allocation. International Journal of Geographical Information Science, 22（6）: 601-622.

Liu X, Li X, Shi X, et al. 2012a. A multi-type ant colony optimization （MACO） method for optimal land use allocation in large areas. International Journal of Geographical Information Science, 26（7）: 1325-1343.

Liu X, Ou J, Li X, et al. 2013, Combining system dynamics and hybrid particle swarm optimization for land use allocation. Ecological Modelling, 257: 11-24.

Liu Y, Wang H, Ji Y, et al. 2012b. Land use zoning at the county level based on a multi-objective particle swarm optimization algorithm: a case study from Yicheng, China. International Journal of Environmental Research and Public Health, 9（8）: 2801-2826.

Liu Y, Yuan M, He J, et al. 2015. Regional land use allocation with a spatially explicit genetic algorithm. Landscape and Ecological Engineering, 11（1）: 209-219.

Liu Y F, Ming D P, Yang J Y. 2002. Optimization of land use structure based on ecological GREEN equivalent. Geo-Spatial Information Science, 5（4）: 60-67.

Stewart T J, Janssen R, Van Herwijnen M. 2004. A genetic algorithm approach to multiobjective land use planning. Computers & Operations Research, 31（14）: 2293-2313.

Verburg P H, Overmars K P, Huigen M G A, et al. 2006. Analysis of the effects of land use change on protected areas in the Philippines. Applied Geography, 26（2）: 153-173.

Chuai X W, Huang X J, Wang W J, et al. 2013. NDVI, temperature and precipitation changes and their relationships with different vegetation types during 1998–2007 in Inner Mongolia, China. International Journal of Climatology, 33（7）: 1696-1706.

第 7 章
基于布局优化的耕地保护区域补偿及其保障机制

7.1 耕地保护区域补偿的总体思路

当前大多数研究主要根据耕地现状确定耕地保护目标、以耕地价值为基础确定耕地保护补偿价值标准，试图通过耕地保护区域补偿使耕地维持现状，导致耕地非农化压力在部分地区难以释放，并且耕地补偿价值标准与耕地非农化收益及耕地赤字/盈余状况无关，难以起到耕地保护的杠杆作用，不能激励区域开展耕地保护。因此，针对上述问题，本章提出基于耕地区域布局优化确定区域耕地保护目标责任，并将补偿标准与耕地非农化收益挂钩，建立耕地保护区域补偿机制。总体思路是：首先，基于耕地区域布局优化结果划分区域保护目标，据此确定各区域在耕地保护中需承担的责任，并测算区域耕地赤字及盈余，相应划定补偿范围和受偿范围；然后，对耕地保护补偿价值的标准进行测算，将耕地赤字/盈余状况与耕地保护补偿价值的标准挂钩，并以此为依据与耕地非农化收益相联系以激励耕地保护的行为，约束耕地非农化进程。耕地赤字越大，表明补偿标准越高；相应地，耕地盈余越大，则表明受偿标准越高。

7.2 耕地保护区域补偿标准的测算方法

7.2.1 耕地保护目标责任的评估方法

合理确定耕地保护目标责任能够有效保障预期的补偿实施效果。由于区域耕地保护目标责任和耕地保护区域补偿价值标准的不合理,现有价值标准不能起到耕地保护的激励作用,进而使得耕地保护政策的实施效果受到严重的影响。因此,对耕地保护目标责任评估是建立合理的耕地保护补偿机制的重中之重。

区域耕地保护目标责任评估方法的确定可以归纳为三种方法:①需求导向型,即在预测区域人口所需粮食产量的基础上测算区域耕地保护目标;②供给导向型,即在耕地保有现状的基础上,估算耕地资源增加和减少量,预测未来耕地的供给量从而得到耕地保护目标;③供需平衡型,即测算耕地资源的供给量和需求量,通过供需平衡分析测算耕地保护目标。

由于未将耕地保护与城市建设用地扩张间的固有矛盾纳入考量,需求导向型评估在实施过程中出现一定的阻碍;供给导向型评估由政府和市场主导,虽然规定了框架规制,但地方政府的执行偏差、社会公众的参与缺位造成了"占优补劣"的后果;供需平衡型评估兼顾两者,能够提供合理路径以确定耕地保护目标。供需平衡评估方法可以分为以下三个步骤。首先,测算区域耕地资源供给量:基于耕地资源的利用现状,通过测算退耕还林(草)面积、建设用地扩张占用耕地面积、灾毁耕地面积等造成的耕地面积减少量,以及土地开发与整理、基本农田整治、土地复垦、后备耕地资源开发等造成的耕地资源增加量,具体测算出耕地供给量。其次,测算区域耕地资源需求量:根据区域人口预测的结果,结合人均粮食消费水平,测算保障区域粮食安全所需要的粮食产量;在此基础上,根据区域耕地资源的自然生产条件、复种指数、作物种植的粮经比以及粮食单产水平,具体测算出耕地需求量。最后,根据计算而得的耕地供给/需求量,以供需平衡为导向测算区域耕地保护的差别化目标责任。

基于生产力总量平衡的耕地区际优化布局的总体目标是实现全国的粮食安全。因而,基于生产力总量平衡的耕地区际优化布局就是确定在保障粮食安全与最大限度释放耕地非农化压力的前提下所需保护的耕地数量及其空间布局。由于耕地资源的生产能力存在着显著的空间异质性。单纯保护耕地数量容易导致占优补劣,造成优质耕地的流失,耕地的生产力下降,最终威胁粮食安全。所以,耕地保护不仅需要保护耕地数量,还要保护耕地的生产力。上述耕地保护目标责任的确定是基于生产力总量平衡的耕地区际布局优化结果,将需要保护的耕地落实在具体的空间位置上,能够有效保护耕地的生产力总量,保障粮食安全。基于上述思路,我们将采用基于生产力总量平衡的耕地区际优化布局结果,结合我国耕地生产力的空间数据,测算得到耕地生产力总量保护目标。

7.2.2 耕地赤字与盈余的测算方法

区域耕地资源的赤字/盈余量是指一个地区在一定的人均粮食消费水平及粮食自给率状态下所需的最低耕地面积超过/低于该区域耕地资源的实际存量的状态，区域耕地赤字/盈余可以反映地区粮食安全状况。耕地赤字/盈余是确定耕地区际协调保护补偿价值标准的重要依据之一，可以表示为

$$DS = S_{demand} - S_{opt} \tag{7-1}$$

其中，DS 为区域耕地赤字/盈余；S_{demand} 为保证区域的粮食安全所需要的最少耕地面积；S_{opt} 为基于耕地区际布局优化结果所确定的耕地保护目标。

根据上述方法测算得到的耕地保护区域补偿标准存在两方面的问题：一是耕地赤字地区所支付的耕地保护补偿价值总额与耕地盈余地区所应接受的耕地保护补偿价值总额不等；二是耕地保护区域补偿价值标准仅与耕地保护目标责任有关，与耕地赤字/盈余相关性不大，因而对耕地保护的激励作用有限。

为激励耕地保护，需要将耕地赤字/盈余状况与耕地保护区域补偿的价值标准相结合，以确定耕地保护区域补偿的价值标准：对于耕地赤字区域，需支付的单位面积耕地保护补偿的价值标准因耕地赤字的扩大而升高；而对于耕地盈余区域，应获取的单位面积耕地保护区域补偿的价值标准因耕地盈余的增加而提高。只有将耕地保护区域补偿的价值标准与耕地赤字/盈余状况挂钩，才能使得耕地赤字区缓解耕地数量减少的问题，尽可能激励耕地盈余维持在原有耕地保有量水平。耕地赤字地区需要支付的耕地保护补偿价值总额与耕地盈余地区需要接受的耕地保护补偿价值总额不等为这一激励机制的构建提供了条件。基于耕地赤字/盈余状况，通过在不同的区域之间进行的补偿总额与受偿总额的差值的分配，可以使耕地保护区域补偿价值起到耕地保护激励作用。

通过修正的耕地保护补偿机制一方面结合区域耕地赤字/盈余挂钩确定耕地保护区域补偿的价值标准，有效促进耕地保护区域补偿机制的实施；另一方面，实现了耕地赤字区应支付的耕地保护区域补偿价值总额与耕地盈余区应接受的耕地保护区域补偿价值总额的平衡。

7.2.3 补偿标准的测算方法

构建耕地保护区域补偿机制，关键在于区域耕地保护补偿价值标准的确定。

在明确耕地保护责任的基础上，经济发达区域承担较少的耕地保护责任，支付耕地保护经济成本，而经济欠发达区域承担较多的耕地保护责任，获得耕地保护经济补偿。对耕地非农化收益和生态服务价值进行测算是制定耕地保护区域补偿标准的前提。测算耕地非农化收益是实现耕地保护区域补偿的基础。同时，对耕地的生态服务价值测算也是保护区域补偿的重要部分。一般而言，生态补偿包括两方面：一方面是对自然的补偿，即对已遭受破坏的生态环境进行恢复和重建；另一方面是对人的补偿，即对保护生态环境的主体给予经济或政策上的补偿。

耕地非农化收益的测算方法有很多，包括生产函数、收益还原法和市场比较法等。但这些常用的耕地非农化收益测算方法在使用时，仅考虑了耕地非农化过程中土地部门的投入产出情况，忽略了经济体系中土地部门与其他部门之间的相互影响及非农化活动对整个经济系统造成的联动影响和因此产生的耕地非农化收益的增加或损失，而投入产出模型则可以较好的从整体角度来系统衡量这一问题。

7.2.3.1　投入产出模型

投入产出模型从国民经济系统多投入与多产出的动态平衡原理出发，分析了国民经济系统内各经济部门之间的要素投入与要素产出的关系，能够有效评估国民经济系统中单个具体要素的变动对整个国民经济系统产生的影响。为了测算土地要素对整个国民经济系统的影响，本书首先在建立投入产出模型时新增了一个土地资源账户，将城市扩张占用的土地作为土地部门的要素产出，及其他经济部门发展运行所需的要素投入。然后运用新建立的投入产出模型计算出当土地要素的投入发生变化时整个国民经济系统产出的变化情况，国民经济系统产出总值的变化量即为发生变化的那部分城市扩张所占用耕地的非农化收益。

结合已有学者的研究整理各部门投入产出表与土地利用类型的对应关系，如表 7-1 所示。

表 7-1　各部门与土地利用类型对应关系

部门	对应的土地利用类型
农业	耕地、园地、林地、牧草地
工业	工业用地
交通运输仓储业	物流仓储用地、道路交通用地

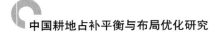

续表

部门	对应的土地利用类型
房地产业	居住用地
商业服务业	商业服务业
公共服务业	公共管理与公共服务用地、公共设施用地、绿地与广场用地

根据上述整理的各部门与土地利用类型的对应关系，在表中增加土地资源账户，本书最终构建的各部门土地资源投入产出表如表 7-2 所示。

表 7-2　各部门土地资源投入产出表

	土地利用类型	中间使用产业							最终使用	总产出
		农业	工业	交通运输仓储业	房地产业	商业服务业	公共服务业	合计		
中间投入	农业	E_{11}	E_{12}	E_{13}	E_{14}	E_{15}	E_{16}	UE_1	F_1	Q_1
	工业	E_{21}	E_{22}	Q_{23}	E_{24}	E_{25}	E_{26}	UE_2	F_2	Q_2
	交通运输仓储业	E_{31}	E_{32}	E_{33}	E_{34}	E_{35}	E_{36}	UE_3	F_3	Q_3
	房地产业	E_{41}	E_{42}	E_{43}	E_{44}	E_{45}	E_{46}	UE_4	F_4	Q_4
	商业服务业	E_{51}	E_{52}	E_{53}	E_{54}	E_{55}	E_{56}	UE_5	F_5	Q_5
	公共服务业	E_{61}	E_{62}	E_{63}	E_{64}	E_{65}	E_{66}	UE_6	F_6	Q_6
中间投入合计		M_1	M_2	M_3	M_4	M_5	M_6			
增加值	劳动者报酬	L_{11}	L_{12}	L_{13}	L_{14}	L_{15}	L_{16}·	UL_1		
	生产税净额	L_{21}	L_{22}	L_{23}	L_{24}	L_{25}	L_{26}	UL_2		
	固定资产折旧	L_{31}	L_{32}	L_{33}	L_{34}	L_{35}	L_{36}	UL_3		
	营业盈余	L_{41}	L_{42}	L_{43}	L_{44}	L_{45}	L_{46}	UL_4		
增加值合计		I_1	I_2	I_3	I_4	I_5	I_6			
总投入		Q_1	Q_2	Q_3	Q_4	Q_5	Q_6			
土地资源投入		L_1	L_2	L_3	L_4	L_5	L_6			

表 7-2 可以反映不同经济部门之间土地资源投入产出的平衡关系，可以表示为

$$Q_i = \sum_{j=1}^{n} Q_{ij} + Y_i \qquad (7\text{-}2)$$

$$Q_j = \sum_{j=1}^{n} P_{ij} + Y_i \qquad (7\text{-}3)$$

其中，Q_{ij} 表示部门 i 产品作为中间产品投入部门 j 的情况；Y_i 表示部门 i 生产产品的最终使用情况；Q_i 表示部门 i 的产品总产出；Q_j 表示部门 j 的要素总投入；P_{ij} 表示因为要素 j 变动使国民经济部门 i 收益的增加值。

7.2.3.2　数据来源

本章主要用到三大类数据：各省（自治区、直辖市）土地利用现状数据，全国层面、省（自治区、直辖市）层面的社会经济基础数据和基础地理数据。所有基础地理数据来源于自然资源部，包括中国行政区划地理图数据及土地利用遥感影像数据等。

7.2.4　补偿标准的修正方法

当前有关耕地保护的补偿，并没有考虑由于耕地保护目标不均衡所带来的区域间发展的不均衡，也没有将耕地非农化收益与耕地保护结合起来考虑，对保护耕地的作用有限。其主要原因在于，耕地赤字区由于所需要支付的耕地保护区际补偿价值标准远低于其耕地非农化收益，因而无法抑制其持续耕地非农化；而在耕地盈余区，由于其所接受的补偿标准与耕地非农化收益相比，并没有比较优势。因此，有必要在确定耕地保护区际补偿价值标准时，将区域的耕地非农化收益考虑进来。这样的耕地保护区际补偿价值标准可以起到激励耕地保护和抑制耕地非农化的作用。可以用图 7-1 来表示这种补偿标准的确定思想。图 7-1 中，R_1 代表耕地赤字区的耕地非农化收益，R_2 代表耕地盈余区的耕地非农化收益，V 代表当前常见的耕地保护补偿价值标准。学术界的普遍观点是，应该根据耕地资源的价值来确定耕地保护的价值标准。也就是说 V 值只与耕地资源的价值有关，而与耕地非农化收益无关。由于与耕地资源价值相比，其非农化收益往往较高，所以仅根据耕地资源价值确定的耕地保护补偿价值标准 V 往往位于 R_2 之下，难以起到耕地保护的激励作用。为了使得耕地保护区际补偿的价值标准能刺激耕地保护行为，需要在确定耕地保护区际补偿价值标准时，将耕地非农化收益考虑进来，从而使得耕地保护区际补偿的价值标准从 V 的位置移动到 V'。

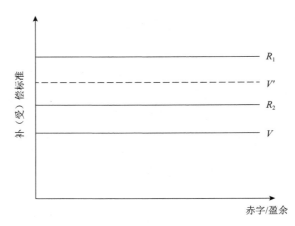

图 7-1　基于农地非农化收益的耕地保护补偿标准

如图 7-1 所示，在确定耕地保护区际补偿价值标准时，引入耕地非农化收益，可以使得耕地保护区际补偿价值标准从图 7-1 中的 V 处移动到 V' 处，即位于耕地赤字区和耕地盈余区的非农化收益之间，可以在一定程度上激励耕地保护。然而，经上述处理的耕地保护区际补偿价值标准将无法考虑区域耕地赤字/盈余量的影响。因此，虽起到了耕地保护的激励作用，但无法激励耕地盈余区保护更多的耕地、耕地赤字区占用尽可能少的耕地。要想实现这一目标，需要继续对耕地保护区际补偿价值标准进行改进，使得耕地盈余量大的区域，单位面积的耕地盈余量享有较高的补偿标准；而对于耕地赤字量大的区域，单位面积的耕地赤字量需要更多补偿资金。如图 7-2 所示，可以将耕地保护区际补偿价值标准从 V' 的位置移动到 V'' 的位置。其中，V'' 是根据耕地赤字/盈余状况对 V' 进行修正得到的。修正之后，对于耕地赤字区而言，赤字越大，则单位面积的耕地赤字需要支付的补偿标准就越高，直到单位面积的耕地赤字所需要支付的补偿标准等于耕地赤字区的耕地非农化收益；而对于耕地盈余区而言，盈余越大，则单位面积的耕地盈余可以接受的耕地保护补偿价值标准就越高，甚至可以达到数倍于其耕地非农化收益。这样的改进可以促进这一目标的实现，从而有望提高耕地区际协调保护机制的实施效果。

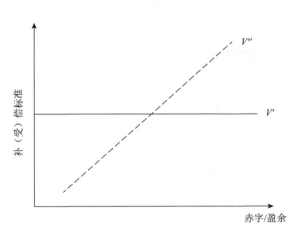

图 7-2　耕地补偿的价值标准的修正示意图

修正耕地保护区际的补偿价值标准，对耕地赤字区与耕地盈余区应当进行不同方向的修正。对于耕地赤字区，应该向下修正，使得耕地赤字区所需要支付的耕地保护区际补偿的价值标准低于该区域耕地非农化收益，并且耕地赤字越大，其需要支付的耕地保护区际补偿价值标准越接近于其耕地非农化收益；反之，赤字越小，其补偿价值标准越低于其耕地非农化收益。对于耕地盈余区，则应该进行向上修正，从而使得耕地盈余区所接受的耕地保护区际补偿价值标准不少于该区域的耕地非农化收益，盈余量越大则补偿标准越高；反之，盈余越小则补偿标准越接近于其耕地非农化收益。

基于上述基本思路，对耕地保护区际补偿标准进行修正时需要满足如下

$$\sum_i (S_i + S_i') \times W_i = \sum_j (S_j - S_j') \times E_j \qquad （7-4）$$

其中，S_i 为耕地盈余区 i 的耕地非农化收益；S_i' 为耕地盈余区 i 的耕地保护区际补偿价值标准的修正值；W_i 为耕地盈余区 i 的耕地盈余面积；S_j 为耕地赤字区 j 的耕地非农化收益；S_j' 为耕地赤字区耕地保护区际补偿价值标准的修正值；E_j 为耕地赤字区 j 的耕地赤字面积。

7.3　耕地保护区域补偿标准

7.3.1　明确耕地保护目标责任

基于生产力总量平衡的耕地区域优化布局结果是在最大限度释放耕地非农

化压力的同时实现生态用地保护、生态服务及生态系统服务价值最大化的前提下所需保护的耕地数量及其空间布局，以协调城市扩张与粮食安全、生态安全的矛盾。因此，各区域的耕地保护目标责任划定可以根据基于生产力总量平衡的耕地区际优化布局的结果进行（表7-3）。

2040年耕地保护目标较高的省（自治区、直辖市）包括黑龙江、四川、内蒙古、河南和山东，承担的耕地保护数量超过100 000平方千米，耕地保护数量目标最高的是黑龙江，达到了171 667平方千米；耕地保护目标较低的省（自治区、直辖市）包括青海、海南、西藏、天津、北京和上海，承担的耕地保护数量少于10 000平方千米，耕地保护数量目标最低的是上海，为2021平方千米。各区域明确耕地保护目标的同时值得注意的是，由于耕地生产力具有明显的空间异质性，耕地保护不仅需要考虑耕地数量，还要考虑耕地的生产力，因为单纯保护耕地数量容易导致优质耕地流失、耕地生产力下降，最终威胁粮食安全，在践行耕地数量保护目标时需要将保护的耕地落实在具体的空间位置上，实现耕地生产力的有效保护，保障粮食安全。

表7-3 基于布局优化结果的区际耕地保护目标责任 （单位：千米^2）

省（自治区、直辖市）	耕地保护目标	省（自治区、直辖市）	耕地保护目标	省（自治区、直辖市）	耕地保护目标
北京	3524	安徽	77 595	四川	117 382
天津	5810	福建	19 711	贵州	48 063
河北	89 581	江西	44 043	云南	66 959
山西	57 813	山东	100 443	西藏	7541
内蒙古	111 863	河南	102 299	陕西	66 509
辽宁	59 915	湖北	66 517	甘肃	63 754
吉林	76 175	湖南	59 159	青海	8578
黑龙江	171 667	广东	40 305	宁夏	17 206
上海	2021	广西	56 134	新疆	89 773
江苏	61 548	海南	8180		
浙江	22 117	重庆	37 270		

7.3.2 测算耕地赤字与盈余

耕地需求量是指在一定的社会经济条件下，人类进行各种生产和消费活动所需的耕地数量。根据预测的 2040 年人口总量、人均粮食消费需求量、粮食单产和粮播比数据计算得到 2040 年耕地需求量，如表 7-4 所示。

2040 年耕地需求量较大的省（自治区、直辖市）包括广东、四川、贵州，耕地需求数量超过 30 000 平方千米，耕地需求量最高的是广东，达到了 108 692 平方千米；耕地需求量较小的省（自治区、直辖市）包括吉林、宁夏、青海、西藏和天津，耕地需求量少于 4000 平方千米，耕地需求量最低的是天津，为 1294 平方千米。

表 7-4　我国 31 个省（自治区、直辖市）2040 年耕地需求量　（单位：千米²）

省（自治区、直辖市）	耕地需求量	省（自治区、直辖市）	耕地需求量	省（自治区、直辖市）	耕地需求量
北京	29 678	安徽	10 348	四川	41 083
天津	1294	福建	9611	贵州	32 129
河北	27 001	江西	17 882	云南	21 879
山西	8835	山东	14 576	西藏	1471
内蒙古	7822	河南	20 374	陕西	13 244
辽宁	4137	湖北	18 198	甘肃	9714
吉林	3054	湖南	20 810	青海	2899
黑龙江	4469	广东	108 692	宁夏	2946
上海	12 780	广西	64 436	新疆	25 668
江苏	13 938	海南	15 671		
浙江	35 987	重庆	14 300		

耕地盈余区定义为耕地保护目标在满足区域耕地需求量前提下还有剩余耕地，耕地赤字区定义为区域耕地保护目标不能满足其耕地需求量。根据耕地区际优化布局结果确定耕地保护目标责任，结合耕地需求量，以此确定耕地赤字/盈余，如表 7-5 所示。

在满足耕地数量需求前提下，耕地数量处于盈余状态的省（自治区、直辖市）主要有黑龙江、内蒙古、山东、河南、四川、吉林、安徽、新疆、河北、辽宁、甘肃、陕西、山西、湖北等。其中，耕地盈余量最大的省份为黑龙江，其盈余量达到 167 198 平方千米。耕地总量处于赤字状态的省（自治区、直辖市）除了经济发展水平较高的上海、浙江、北京和广东之外，还有人口数量众多的广西和耕地数量不多的海南,耕地赤字量最大的省份为广东。可以看出,各省(自治区、直辖市)的耕地赤字/盈余状况不仅受到耕地资源丰富程度的影响,还受到区域社会经济发展状况和人口数量等多方面因素的影响。

表 7-5　我国 31 个省(自治区、直辖市)耕地赤字/盈余　(单位:千米^2)

省(自治区、直辖市)	耕地保护目标	耕地需求	赤字/盈余
北京	3524	29 678	−26 154
天津	5810	1294	4516
河北	89 581	27 001	62 580
山西	57 813	8835	48 978
内蒙古	111 863	7822	104 041
辽宁	59 915	4137	55 778
吉林	76 175	3054	73 121
黑龙江	171 667	4469	167 198
上海	2021	12 780	−10 759
江苏	61 548	13 938	47 610
浙江	22 117	35 987	−13 870
安徽	77 595	10 348	67 247
福建	19 711	9611	10 100
江西	44 043	17 882	26 161
山东	100 443	14 576	85 867
河南	102 299	20 374	81 925
湖北	66 517	18 198	48 319
湖南	59 159	20 810	38 349
广东	40 305	108 692	−68 387
广西	56 134	64 436	−8302
海南	8180	15 671	−7491
重庆	37 270	14 300	22 970
四川	117 382	41 083	76 299
贵州	48 063	32 129	15 934
云南	66 959	21 879	45 080

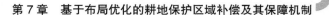

续表

省（自治区、直辖市）	耕地保护目标	耕地需求	赤字/盈余
西藏	7541	1471	6070
陕西	66 509	13 244	53 265
甘肃	63 754	9714	54 040
青海	8578	2899	5679
宁夏	17 206	2946	14 260
新疆	89 773	25 668	64 105

7.3.3　确定耕地保护补偿标准

耕地非农化收益指将耕地用于非农建设所获取的收益，是耕地补偿/受偿价值标准的基础。本书采用投入产出模型测算得到各省（自治区、直辖市）耕地非农化收益，如表 7-6 所示。

各省（自治区、直辖市）耕地非农化收益存在着显著的区域差异：耕地非农化收益较高的省（自治区、直辖市）多为经济发展较快、城市化水平较高的地区，包括浙江、天津、广东等，耕地非农化收益均超过 60 亿元/千米^2，耕地非农化收益最高的是浙江，达到了 93.81 亿元/千米^2；而耕地非农化收益较小的省（自治区、直辖市）多为耕地资源丰富、经济欠发达的地区，包括黑龙江、新疆、西藏等地区，耕地非农化收益均小于 20 亿元/千米^2，耕地非农化收益最低的是西藏，非农化收益仅为 0.28 亿元/千米^2。由于耕地非农化收益区域差异性，可以通过耕地的空间优化布局，实现以较小的耕地非农化代价获得较大的耕地非农化收益。

表 7-6　我国 31 个省（自治区、直辖市）耕地非农化收益

（单位：亿元/千米^2）

省（自治区、直辖市）	耕地非农化收益	省（自治区、直辖市）	耕地非农化收益	省（自治区、直辖市）	耕地非农化收益
北京	48.6	安徽	33.25	四川	36.72
天津	89.25	福建	61.75	贵州	27.72
河北	66.26	江西	57.03	云南	24.45
山西	40.8	山东	93.13	西藏	0.28

续表

省（自治区、直辖市）	耕地非农化收益	省（自治区、直辖市）	耕地非农化收益	省（自治区、直辖市）	耕地非农化收益
内蒙古	30.16	河南	43.01	陕西	38.92
辽宁	54.05	湖北	37.39	甘肃	27
吉林	30.65	湖南	38.39	青海	37.29
黑龙江	16.6	广东	67.11	宁夏	18.99
上海	49.73	广西	25.17	新疆	15.88
江苏	84.23	海南	19.45		
浙江	93.81	重庆	36.76		

7.3.4 修正耕地保护补偿标准

假设仅根据耕地非农化收益测算耕地补偿的价值标准，可以在一定程度上激励耕地保护。然而，耕地保护区际补偿价值标准没有考虑区域耕地赤字/盈余量的影响，无法激励耕地盈余区多保护耕地、耕地赤字区少占用耕地。因此对表 7-6 中的耕地非农化价值进行修正，得到各省（自治区、直辖市）非农化修正值，如表 7-7 所示。

耕地非农化收益修正值较高的盈余区主要有黑龙江、内蒙古、山东等。其中，盈余量最多的黑龙江非农化收益修正值为 67.40 亿元/千米^2。耕地非农化收益修正值较高的赤字区主要有广东、北京、浙江等，赤字量最大的广东非农化收益修正值为−5.54 亿元/千米^2。

表 7-7 我国 31 个省（自治区、直辖市）耕地非农化收益修正值

（单位：亿元/千米^2）

省（自治区、直辖市）	补偿标准修正值	省（自治区、直辖市）	补偿标准修正值	省（自治区、直辖市）	补偿标准修正值
北京	−1.90	安徽	36.70	四川	18.26
天津	0.92	福建	3.04	贵州	0.70
河北	27.44	江西	7.42	云南	8.14
山西	25.79	山东	52.17	西藏	0.43
内蒙古	49.56	河南	48.02	陕西	16.90
辽宁	34.83	湖北	16.98	甘肃	13.03

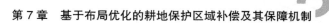

续表

省（自治区、直辖市）	补偿标准修正值	省（自治区、直辖市）	补偿标准修正值	省（自治区、直辖市）	补偿标准修正值
吉林	51.26	湖南	15.13	青海	0.00
黑龙江	67.40	广东	−5.54	宁夏	3.99
上海	−1.31	广西	−0.6	新疆	8.64
江苏	28.49	海南	−0.54		
浙江	−1.89	重庆	4.25		

　　假设仅根据耕地非农化收益测算耕地非农化区际补偿的价值标准，因此基于表 7-7 中耕地非农化修正值，得到各省（自治区、直辖市）耕地保护补偿价值标准，如表 7-8 所示。

表 7-8　我国 31 个省（自治区、直辖市）耕地保护补偿价值标准

（单位：亿元/千米^2）

省（自治区、直辖市）	耕地补偿价值标准	省（自治区、直辖市）	耕地补偿价值标准	省（自治区、直辖市）	耕地补偿价值标准
北京	−46.70	安徽	69.95	四川	54.98
天津	90.17	福建	64.79	贵州	28.42
河北	93.70	江西	64.45	云南	32.59
山西	66.59	山东	145.30	西藏	0.71
内蒙古	79.72	河南	91.03	陕西	55.82
辽宁	88.88	湖北	54.37	甘肃	40.03
吉林	81.91	湖南	53.52	青海	37.29
黑龙江	84.00	广东	−61.57	宁夏	22.98
上海	−48.42	广西	−24.57	新疆	24.52
江苏	112.72	海南	−18.91		
浙江	−91.92	重庆	41.01		

　　根据修正后的我国各省（自治区、直辖市）的耕地保护补偿价值标准值，耕地盈余区补偿价值标准为正，耕地赤字区补偿价值标准为负，结合各省（自治区、直辖市）耕地赤字/盈余状况，计算得到各省（自治区、直辖市）需要支

付或者接受的基于耕地非农化价值的耕地保护区际补偿价值总额，如表7-9所示。

基于非农化价值测算的耕地受偿总额较高的省（自治区、直辖市）包括黑龙江、山东、内蒙古、河南、吉林等，受偿费用高于 5.9×10^6 亿元，受偿总额最高的是黑龙江，因为黑龙江盈余量最大且补偿价值标准较高，受偿总额达到了 1.4×10^7 亿元；基于非农化价值测算的耕地补偿总额较高的省（自治区、直辖市）包括广东、浙江、北京等，补偿总额高于 1.1×10^6 亿元，补偿总额最高的是广东，因为广东耕地赤字量最大且补偿价值标准较高，补偿总额高于 4.2×10^6 亿元。耕地盈余区较多，赤字区较少，耕地受偿总额远大于耕地补偿总额。

表 7-9　基于耕地非农化价值我国 31 个省（自治区、直辖市）受偿总额

（单位：亿元）

省（自治区、直辖市）	受偿价值总额	省（自治区、直辖市）	受偿价值总额	省（自治区、直辖市）	受偿价值总额
北京	−1 221 388.11	安徽	4 705 820.16	四川	4 196 962.48
天津	407 235.87	福建	654 628.59	贵州	453 055.94
河北	5 863 753.30	江西	1 686 799.14	云南	1 470 209.42
山西	3 261 533.30	山东	12 478 915.48	西藏	4 494.23
内蒙古	8 293 923.56	河南	7 459 618.25	陕西	2 974 843.17
辽宁	4 957 801.83	湖北	2 628 368.84	甘肃	2 164 607.94
吉林	5 989 080.91	湖南	2 053 567.25	青海	211 912.64
黑龙江	14 044 358.84	广东	−4 210 366.51	宁夏	328 035.88
上海	−520 977.70	广西	−204 016.60	新疆	1 573 796.34
江苏	5 366 859.01	海南	−141 632.85		
浙江	−1 274 887.82	重庆	942 689.29		

7.4　耕地保护区域补偿实施的保障机制

7.4.1　资金管理措施

耕地保护补偿激励是运用经济手段开展耕地保护的有效措施。近年来，党中央、国务院多次提出完善耕地保护补偿激励机制，支持地方开展耕地保护补

偿。各地不断积极探索，加强制度建设，创新方式方法，因地制宜建立耕地保护补偿激励机制。综合考虑耕地保护面积、耕地质量状况、粮食播种面积、粮食产量和粮食商品率，以及耕地保护任务量等因素，按照"谁保护、谁受益"的原则，加大耕地保护补偿力度。

补偿方式主要有 4 种，包括普惠式补偿、奖金激励、新增建设用地计划指标奖励、农田生态补偿。①普惠式补偿，即对辖区范围内永久基本农田面积按照一定亩均标准进行核算，统一发放给村集体经济组织和农户，比如，《南京市耕地补贴暂行办法》规定，2015 年起南京市按照每年 300 元/亩的标准直接补贴给承包耕地的农户；广东省每年按照每亩永久基本农田不低于 30 元的标准直接补贴给农村集体经济组织，由村统筹使用。②奖金激励，即依据耕地保护责任目标考核结果，对耕地保护成效突出的地区给予资金奖励。比如，山东省每年评选出 100～200 个乡（镇）作为省级激励对象，每个乡镇奖励 100 万元，乡镇再选出一定比例的村集体经济组织进行奖励，单个村的奖励资金不少于 10 万元；江苏省每年确定 50 个乡（镇）作为省级激励对象，每个乡（镇）奖励 200 万元。③新增建设用地计划指标奖励，即依据耕地保护责任目标考核结果，对耕地保护成效突出的地区予以一定规模的建设用地指标奖励。比如，江西省每年对 3 个设区市和 10 个县（市、区）分别予以 200 亩和 120 亩的用地指标奖励。④农田生态补偿，即将具有生态价值服务的永久基本农田纳入生态补偿范围，对负责保护利用的集体经济组织进行补偿，上海市、北京市朝阳区和海淀区、江苏省苏州市采用这种方式。一些省份还采用绩效评价方式，对耕地保护成效突出的地区给予通报表扬等来进行激励。

明确补偿的标准和面积之后，需要进一步选择补偿的方法和手段。其中，补偿资金按补偿基金核算收取，耕地赤字面积以年度租金形式呈现，耕地补偿资金设立耕地补偿基金；补偿金专门用于耕地基础设施的建设和改善，提高耕地质量（如肥力）和生态环境建设；补偿期限内根据耕地赤字面积，以年度租金的形式支付耕地保护区补偿金。如果第二年耕地面积的缺口减少，部分耕地的减产缺口将不用于区域补偿基金。如果耕地赤字在第二年增加，将从第二年开始支付额外的补偿资金。

任何一个好的机制都必须有切实可行的配套措施才能发挥更好的作用，农田保护资金的管理措施也不例外。拓宽融资渠道，保障资金来源——资金来源稳定、资金积累充足，是耕地保护经济补偿机制顺利运行的基础和保障。建立耕地保护经济补偿机制，要拓宽资金来源和渠道，以政府财政为主体，辅以社会征用和经营主体投资，增加主体，分散风险，提高募集效率。目前，在国家财政资源有限、难以独立承担农田保护经济补偿资金的情况下，可以根据社会负担能力，以国家立法的形式，依据现实情况，适量将农田保护的经济补偿费附加到社会税中，由税务机关按照一定比例统一征收，并将其纳入政府财政预算。这样，不仅可以利用税收的权威性、强制性和稳定性，保证耕地保护经济补偿费的及时、稳定征收。而且由税务部门统一收取，程序简单，可以大大减轻工作量，降低工作成本，提高工作效率。同时，税务部门还可以对耕地保护经济补偿基金的使用进行监督，提高资金使用的透明度。建立健全的补偿基金管理制度——对于耕地保护经济补偿基金，要通过严格的会计制度加强管理，建立健全有效的内部控制制度，在补偿金的使用上做到公开透明，确保补偿金专项划拨。要建立奖惩明确的激励约束机制，对善用和管理补偿金的单位，应当采取适当形式奖励；违规骗取、扣留、挤压、挪用补偿金的部门和单位，要坚决采取必要的惩罚措施，直至有关人员的行政和法律责任得到追究。建议成立全国耕地保护经济补偿基金管理委员会，省、市（地）、县（市）设立各级耕地保护经济补偿办公室，具体负责耕地保护经济补偿基金的统一管理和分配；在乡镇基层，可以设立耕地保护经济补偿资金分配办公室，分配办公室应当直接将补偿资金发放到农民手中，确保补偿资金不被挪用。该清单公布了列入补偿范围的耕地面积、补偿人员名单、补偿标准、补偿金额、责任履行情况等，并接受社会监督。要加强对补偿金的审计监督，财政、农业主管部门会同审计监督部门，应当针对补偿基金管理委员会和各级办事处对补偿金的使用和分配情况进行定期或者不定期的审计检查，并针对具体情况对违规骗取、使用资金的单位进行处罚，并追究相关责任人的责任。

7.4.2 法律保障措施

随着工业化的快速发展与城市规模的不断扩张，在我国，耕地保护问题遇到了前所未有的危机：一方面，国家的工业建设、城市的发展需要，导致我国耕地数量不断地减少，而且质量也在不断地下降；另一方面，我国人口数量的持续增长又需要基本耕地面积的保证，以此保障国家的粮食安全问题。为了解决这一危机，加强耕地的有效保护，我国先后出台了多部相关法律法规，并由此形成了一整套耕地保护法律体系。首先，根据《中华人民共和国宪法》"一切使用土地的组织和个人必须合理地利用土地"的条款，明确了我国耕地保护的基本原则，即"合理利用"原则。其次，我国于 1986 年制定了《中华人民共和国土地管理法》，随后又分别于 1988 年、2004 年、2019 年对其内容进行修正；于 1998 年发布了《中华人民共和国土地管理法实施条例》，并于 2011 年、2014 年和 2021 年实施三次修订。根据《中华人民共和国土地管理法》及《中华人民共和国土地管理法实施条例》的相关条款，我国由此建立如下耕地保护制度，包括土地用途管制制度、占用耕地补偿制度等。除此以外，《中华人民共和国农业法》及实施条例、《农用地土壤环境质量标准》、《基本农田保护条例》、《中华人民共和国耕地占用税暂行条例》、《土地复垦条例》、《闲置土地处置办法》等也从多个侧面规范耕地保护行为。

我国虽然建立了一整套比较完整的耕地保护法律制度，但就其实际效果而言，并没有达到"有效耕地保护"的立法目标。相反，根据数据，我国耕地面积大幅下降，仅在 1996～2003 年，由于耕地建设，全国耕地面积减少了近 1 亿亩，平均每年减少 0.8%。同时，城市发展和各种基础设施建设占用了大量优质耕地，而补充耕地品位较低，导致耕地质量整体水平持续下降。保护效果差的主要原因是：一方面，我国实施的耕地保护法律措施大多由政府通过干预来执行，这本质上是一种指令性规划方法。如前所述，这种模式的欠缺之处在于，它将耕地保护手段的重点放在限制耕地的使用上，而没有过多地关注农民的经济利益和农业的经济可行性。由于缺乏对农民经济利益的激励，他们只能被动地保护耕地，这种模式的实施成本过高，最终影响其实施效果。另一方面，《中华人民共和国土地管理法》第五十五条明确规定："新增建设用地的土地有偿使用费，百分之三十上缴中央财政，百分之七十留给有关地方人民政府。"《中华人民共和国土地管理法实施细则》第十九条规定："建设占用土地，涉及农用地转为建设用地的，应当符合土地利用总体规划和土地利用年度计划中确定的农用地转用指标；城市和村庄、集镇建设占用土地，涉及农用地转用的，也应当符合城市规划和村、集镇规划。"这些法律的内容，为地方政府征用后将耕地转为建设用地开辟了一条法律途径。因为地方政府不仅是耕地保护措施的实施者，而且负责地方经济发展和财政管理。因此，在经济利益的诱导下，地方政府往往利用土地使用规划权，以低价征用耕地，高价出售，赚取差额以增加地方财政收入，或者低价征用耕地，以低价出售，来刺激投资，从而刺激当地经济增长。显然，地方政府的上述行为，只会让我国的耕地保护问题更加严重。

我国是社会主义法治国家，必须贯彻执行依法治国的方略。因此，只有在强大的法律支持下，我国的培育土地保护经济补偿机制才可以成功实施。我国应为土地保护经济补偿建立法律保护制度：明确定义耕地保护经济补偿科目，主要包括开发领域（占领耕地或食品销售区域），中央和当地财政所涉及的区域培养的土地占用者。耕地保护经济补偿科目包括耕地保护区补偿基金、国家投资和定期投资、确定补偿标准和补偿配额几个方面，同时需要兼顾管理资金管理、支付周期、增值方法。它也可以用来提高耕地的质量，改善农业生产条件，如建立农田排灌系统、农村道路等依赖农民个人无法解决的事情，或者创新补偿方法，如组织培训，以提高农民的生产技能，这将有助于增加农民的收入。

7.4.3　技术保障措施

耕地是粮食安全的基石。2020 年中央经济工作会议把"解决好种子和耕地问题"作为重点任务，明确要求牢牢守住 18 亿亩耕地红线，采取"长牙齿"的硬措施，落实最严格耕地保护制度，加强高标准农田建设，加强农田水利建设。

我国用占世界 9%的耕地养活了世界近 20%的人口，得益于土地释放的生产潜力。农业农村部公报〔2020〕1 号《2019 年全国耕地质量等级情况公报》显示，按照《耕地质量等级》（GB/T 33469—2016）国家标准，全国耕地按质量等级由高到低依次划分为一至十等，评价为一至三等的耕地面积为 6.32 亿亩，属高产田，占耕地总面积的 31.24%；评价为四至六等的耕地面积为 9.47 亿亩，属中产田，占耕地总面积的 46.81%，是今后粮食增产的重点区域和重要突破口；评价为七至十等的耕地面积为 4.44 亿亩，属低产田，占耕地总面积的 21.95%，这部分耕地基础地力相对较差，生产障碍因素突出，是耕地内在质量提升的瓶颈和难点。

中国农业科学院农业资源与农业区划研究所原副所长周卫表示，总体来看，我国耕地保护与利用工作依然面临诸多严峻挑战。耕地质量平均等级不高，中低等级占 2/3 以上。长期以来农业粗放经营，耕地退化加剧。人多地少的国情使我国一直采用高投入、高产出模式，平均化肥用量是欧美国家的 2～3 倍，由此导致肥料利用率低，加剧了土壤酸化和农业面源污染。2020 年我国水稻、小麦、玉米三大粮食作物化肥利用率为 40.2%。如果将耕地地力提高 1 个等级，则可以新增粮食 1200 亿公斤；如果将化肥利用率提高 10 个百分点，则可减少氮磷排放 50%。因此，充分发挥农业科技对耕地保护利用与地力提升的支撑作用，是保障国家粮食安全和生态安全的迫切需要。

多年来，以中国农业科学院为代表的中国农业科学研究院所坚持以科技前沿和国家战略需求为导向，持续加强基础理论创新、关键技术研发与重大产品研制，在耕地保护方面取得了许多重大科技进展。其中包括东北黑土地地力提升与可持续利用技术，南方低产水稻土壤改良与地力提升关键技术，典型红壤区农田酸化特征及防治关键技术构建与应用，主要粮食作物养分资源高效利用关键技术，全国农田面源污染监测技术体系，高精度数字土壤构建与应用，等等。

"十四五"时期，中国农业科学院将加快建设"国家耕地质量科学研究中心"重大科技平台。面向国际耕地科学前沿和我国耕地保护重大需求，聚焦耕地质量重大基础和应用研究，创建耕地质量监测、保护和利用的理论、方法、技术、产品和标准，建设覆盖我国全部土壤类型、服务全域耕地管理的国家级耕地科学研究与技术创新中心，建成全球耕地国际交流与合作，以及科技人才培养高地。

同时，需要科学支撑"全国农田建设综合监测监管系统"业务运行。面向国家高标准农田建设的重大战略需求，推进农田建设、监测、评价与管理的数字化改造，加快构建"天空地"一体化的高标准农田智能监测、管理与决策支撑体系，建立大数据驱动的农田建设综合监管服务新模式。通过科技支撑，加快实现全国所有高标准农田建设成果"一张图"、新增农田建设项目统计"一张表"，以及农田建设全过程监测评价"一张网"，真正实现全国高标准农田建设好、监测好、管理好的重大战略目标。落实基于占补平衡的耕地保护区域补偿机制，需要动态评估全国范围内耕地生产力的变化情况，并结合耕地利用变化时空数据集评估基于生产力总量平衡的耕地保护区域补偿机制的实施效果，并进行动态调整，以保证耕地区域协调保护的长效机制，保证国家粮食安全和土地资源的高效、可持续利用。

7.4.4　管理措施

由于我国的农产品正在上演阶段性、区域性、结构性相对盈余，有些地区忽视耕地保护。我们必须严格控制各种耕地建设，严格控制城乡建设和生态建设占据耕地，尤其是永久性的基础耕地，严格禁止侵占耕地行为，如耕地绿化、挖掘等非法农业建设。严格禁止占据永久性基本农田进行运输、水利等项目，建造绿地和人工湿地公园、水利景观等。同时严格培育农业用途控制机制，合理安排农业生产布局，明确耕地利用优先权，加强租赁耕地监督，以确保耕地的良性使用。

在实施耕地特殊保护方面，市政和县级人民政府应根据法规组织行政区域上的永久基本农田和一般培育土地的食品生产，并提供有序的植物管理，引领土地上的农业生产活动。禁止占领永久性基本农田，开发森林水果产业，挖掘池塘和进行水产养殖，非法种植；禁止闲置永久基本农田或设施农业用地，以土地综合整改名义占用或调整永久性基本农田。我们必须明确实施培养的土地分类管理，承担食品生产功能的土地严格用于食品生产，每年至少生产一季的食物。永久基本农田专注于食品生产，特别是粮食作物，如水稻、玉米和甘薯，一般耕地主要用于种植农产品和饲料产品，如食品和油、蔬菜，优先考虑食品和农产品消费生产的基础，适度用于非食品农产品生产，防止综合耕地种植苗木、花卉、水果、茶等经济作物和水产养殖。与此同时，我们必须建立一个耕地保护联合责任机制，城市和县级人民政府应采取强有力的措施来组织荒地的整治。加强耕地的补充，如培养水田。

建设耕地保护共同责任机制。所有地方必须完善党委领导，形成政府负责、部门领导、公众参与、上下联系的联动制度。县级人民政府是抑制耕地"非农化"、严格控制"非粮化"的责任主体，市、县级自然资源部门与农业农村主管部门实施并加强监管，其他有关部门应共同参与。建立"田长制"，实施三级（即县、乡镇和村庄）培育土地保护网格监管，促进建立培育土地保护责任，落实基层干部的奖励和惩罚，必须逐步提高农业农村地区土地转移收入比例，支持耕地保护，特别是永久基本农田保护、高标准农田建设等工作。

7.5　小　　结

本章通过开展耕地区际布局优化以确定区域耕地保护目标责任，将补偿标准与耕地非农化收益挂钩，建立耕地保护区域补偿机制。主要结论如下。

（1）基于耕地区际布局优化结果划分区域保护目标，测算区域耕地赤字及

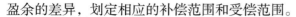

盈余的差异，划定相应的补偿范围和受偿范围。

2020～2040 年，耕地保护目标较高的省（自治区、直辖市）包括黑龙江、四川、内蒙古、河南和山东，承担的耕地保护数量多于 10 万平方千米；耕地保护目标较低的省（自治区、直辖市）包括青海、海南、西藏、天津、北京和上海，承担的耕地保护数量少于 1 万平方千米。在满足耕地数量需求前提下，耕地数量处于盈余状态的省（自治区、直辖市）主要有黑龙江、内蒙古、山东、河南、四川、吉林、安徽、新疆、河北、辽宁、甘肃、陕西、山西、湖北等；而耕地数量处于赤字状态的省（自治区、直辖市）除了经济发展水平较高的上海、浙江、北京和广东之外，还有人口数量众多的广西和耕地数量不多的海南，耕地赤字量最大的省份为广东。

（2）将耕地赤字/盈余状况挂钩并以此与耕地非农化收益相联系，对耕地保护补偿价值的标准进行测算。

基于耕地非农化收益、生态价值测算的耕地受偿费用较高的省（自治区、直辖市）包括黑龙江、山东、内蒙古、河南、吉林等，受偿费用高于 5.5×10^6 亿元，盈余区中受偿费用最高的是黑龙江；基于耕地非农化收益、生态价值测算的耕地补偿费用较高的省（自治区、直辖市）包括广东、浙江、北京等，补偿费用高于 1.1×10^6 亿元，赤字区中补偿费用最低的是海南，需补偿费用为 141 632.85 亿元。

本章参考文献

安宝晟，程国栋. 2014. 西藏生态足迹与承载力动态分析. 生态学报, 34（4）: 1002-1009.

暴元. 2008. 中国区域经济发展不平衡的原因及对策. 河南师范大学学报（哲学社会科学版），（1）: 178-180.

蔡玉梅，谢俊奇，杜官印，等. 2005. 规划导向的土地利用规划环境影响评价方法. 中国土地科学，（2）: 3-8.

陈刚，陈海军. 2015. 耕地保护与农业生态补偿研究——以云南红河沿岸为例. 云南社会科学，（6）: 97-102.

陈静，张虹鸥，吴旗韬. 2010. 我国生态补偿的研究进展与展望. 热带地理, 30（5）: 503-509.

陈美球. 2017. 耕地保护的本质回归. 中国土地，（4）: 12-14.

陈印军，肖碧林，陈京香. 2010. 我国耕地"占补平衡"与土地开发整理效果分析与建议. 中国农业资源与区划, 31（1）: 1-6.

陈玉玲. 2014. 生态环境的外部性与环境经济政策. 经济研究导刊，（16）: 291-292, 300.

代光烁, 余宝花, 娜日苏, 等. 2012. 内蒙古草原生态系统服务与人类福祉研究初探. 中国生态农业学报, 20（5）: 656-662.

戴云菲. 2016. 可持续发展理论文献综述. 商, （13）: 111.

丁任重, 刘攀. 2009. 中国省际生态占用与承载力分析: 1978~2007. 经济学动态, （11）: 54-60.

董祚继. 2017. 新时期耕地保护的总方略. 中国土地, （2）: 8-11.

冯伟林, 李树茂, 李聪. 2013. 生态系统服务与人类福祉——文献综述与分析框架. 资源科学, 35（7）: 1482-1489.

谷树忠, 胡咏君, 周洪. 2013. 生态文明建设的科学内涵与基本路径. 资源科学, 35（1）: 2-13.

郭文栋, 师军, 魏延军, 等. 2015. 黑龙江省耕地生态系统服务价值测算研究. 国土与自然资源研究, （5）: 19-21.

韩娟, 薛剑. 2011. 实现国家重点项目耕地占补平衡新机制探讨. 兰州学刊, （2）: 86-89.

胡淑恒. 2015. 区域生态补偿机制研究——以安徽大别山区为例. 合肥: 合肥工业大学.

胡仪元. 2010. 生态补偿的理论基础再探——生态效应的外部性视角. 理论探讨, （1）: 70-73.

胡熠, 黎元生. 2006. 论流域区际生态保护补偿机制的构建——以闽江流域为例. 福建师范大学学报（哲学社会科学版）, （6）: 53-58.

黄从红, 杨军, 张文娟. 2013. 生态系统服务功能评估模型研究进展. 生态学杂志, 32（12）: 3360-3367.

金波. 2010. 区域生态补偿机制研究. 北京: 北京林业大学.

金淑婷, 杨永春, 李博, 等. 2014. 内陆河流域生态补偿标准问题研究——以石羊河流域为例. 自然资源学报, 29（4）: 610-622.

靳亚亚, 赵凯, 肖桂春. 2015. 陕西省耕地保护经济补偿分区研究: 基于粮食安全与生态安全双重视角. 中国土地科学, 29（10）: 12-19.

柯新利, 普鹍鹏, 杨柏寒, 等. 2018. 耕地保护对生态系统水源涵养功能的影响——以武汉市为例. 水土保持研究, 25（1）: 391-396, 402.

孔德帅. 2017. 区域生态补偿机制研究——以贵州省为例. 北京: 中国农业大学.

李惠梅, 张安录, 王珊, 等. 2013. 三江源牧户参与草地生态保护的意愿. 生态学报, 33（18）: 5943-5951.

李惠梅, 张安录. 2013. 生态环境保护与福祉. 生态学报, 33（3）: 825-833.

李孟波. 2017. 生态文明视角下我国耕地保护体系重构与技术路径分析. 北方经济, （6）: 71-73.

李萍, 邵景安, 张贞, 等. 2011. 重庆市耕地占补平衡体系构建. 自然资源学报, 26（6）: 919-931.

李萍, 王伟. 2012. 生态价值: 基于马克思劳动价值论的一个引申分析. 学术月刊, 44（4）: 90-95.

李文华, 刘某承. 2010. 关于中国生态补偿机制建设的几点思考. 资源科学, 32（5）: 791-796.

李武艳, 王华, 徐保根, 等. 2015. 耕地质量占补平衡的绩效评价. 中国土地科学, 29（11）: 78-82, 95.

李云燕. 2011. 我国自然保护区生态补偿机制的构建方法与实施途径研究. 生态环境学报, 20（12）: 1957-1965.

连娉婷, 陈伟琪. 2012. 填海造地海洋生态补偿利益相关方的初步探讨. 生态经济, （4）: 167-171.

刘春腊, 刘卫东, 陆大道. 2014. 生态补偿的地理学特征及内涵研究. 地理研究, 33（5）: 803-816.

刘春腊, 刘卫东, 徐美. 2014. 基于生态价值当量的中国省域生态补偿额度研究. 资源科学, 36（1）: 148-155.

刘家根, 黄璐, 严力蛟. 2018. 生态系统服务对人类福祉的影响——以浙江省桐庐县为例. 生态学报, 38（5）: 1687-1697.

刘仁忠, 罗军. 2007. 可持续发展理论的多重内涵. 自然辩证法研究, （4）: 79-82, 105.

刘新平, 朱圆甜, 罗桥顺. 2006. 省际间易地开发耕地占补平衡指标置换的思考. 国土资源导刊, （6）: 15-16.

刘彦随, 乔陆印. 2014. 中国新型城镇化背景下耕地保护制度与政策创新. 经济地理, 34（4）: 1-6.

刘尊梅, 韩学平. 2010. 基于生态补偿的耕地保护经济补偿机制构建. 商业研究, （10）: 141-144.

陆铭, 向宽虎. 2014. 破解效率与平衡的冲突——论中国的区域发展战略. 经济社会体制比较, （4）: 1-16.

吕晋. 2009. 国外水源保护区的生态补偿机制研究. 中国环保产业, （1）: 64-67.

马爱慧, 蔡银莺, 张安录. 2012. 基于选择实验法的耕地生态补偿额度测算. 自然资源学报, 27（7）: 1154-1163.

马存利, 陈海宏. 2009. 区域生态补偿的法理基础与制度构建. 太原师范学院学报（社会科学版）, 8（3）: 72-74.

牛文元. 2012. 可持续发展理论的内涵认知——纪念联合国里约环发大会 20 周年. 中国人口·资源与环境, 22（5）: 9-14.

潘竟虎. 2014. 甘肃省区域生态补偿标准测度. 生态学杂志, 33（12）: 3286-3294.

彭晓春, 刘强, 周丽旋, 等. 2010. 基于利益相关方意愿调查的东江流域生态补偿机制探讨. 生态环境学报, 19（7）: 1605-1610.

单丽. 2016. 耕地保护生态补偿制度研究. 杭州: 浙江理工大学.

沈满洪, 何灵巧. 2002. 外部性的分类及外部性理论的演化. 浙江大学学报（人文社会科学版）, （1）: 152-160.

沈满洪, 陆菁. 2004. 论生态保护补偿机制. 浙江学刊, （4）: 217-220.

受梦婷. 2017. 基于生态系统服务功能和农户受偿意愿的生态补偿标准研究——以宁夏盐池县为例. 银川: 宁夏大学.

苏浩, 雷国平, 李荣印. 2014. 基于生态系统服务价值和能值生态足迹的河南省耕地生态补偿研究. 河南农业大学学报, 48（6）: 765-769.

孙蕊, 孙萍, 吴金希, 等. 2014. 中国耕地占补平衡政策的成效与局限. 中国人口·资源与环境, 24（3）: 41-46.

覃洁. 2016. 基于生态服务价值与能值生态足迹的广西耕地生态补偿研究. 南宁: 广西师范学院.

汤姆·泰坦伯格. 2012. 自然资源经济学. 高岚, 李怡, 谢忆, 等译. 北京: 人民邮电出版社.

唐建, 沈田华, 彭珏. 2013. 基于双边界二分式 CVM 法的耕地生态价值评价——以重庆市为例. 资源科学, 35（1）：207-215.

田玲玲, 罗静, 董莹, 等. 2016. 湖北省生态足迹和生态承载力时空动态研究. 长江流域资源与环境, 25（2）：316-325.

田萍萍. 2006. 基于生态足迹分析的陕西关中地区生态安全与生态补偿研究. 西安：西北大学.

完颜素娟, 王翊. 2007. 外部性理论与生态补偿. 中国水土保持, （12）：17-20, 68.

王大尚, 郑华, 欧阳志云. 2013. 生态系统服务供给、消费与人类福祉的关系. 应用生态学报, 24（6）：1747-1753.

王女杰, 刘建, 吴大千, 等. 2010. 基于生态系统服务价值的区域生态补偿——以山东省为例. 生态学报, 30（23）：6646-6653.

王万茂, 黄贤金. 1997. 中国大陆农地价格区划和农地估价. 自然资源, （4）：1-8.

王昱, 丁四保, 卢艳丽. 2012. 基于外部性视角的区域生态补偿理论问题研究. 资源开发与市场, 28（8）：714-718, 754.

王昱. 2009. 区域生态补偿的基础理论与实践问题研究. 长春：东北师范大学.

吴克宁, 赵珂, 赵举水, 等. 2008. 基于生态系统服务功能价值理论的土地利用规划环境影响评价——以安阳市为例. 中国土地科学, （2）：23-28.

肖强, 肖洋, 欧阳志云, 等. 2014. 重庆市森林生态系统服务功能价值评估. 生态学报, 34（1）：216-223.

谢高地, 张彩霞, 张雷明, 等. 2015. 基于单位面积价值当量因子的生态系统服务价值化方法改进. 自然资源学报, 30（8）：1243-1254.

熊凯. 2015. 基于生态系统服务功能和农户意愿的鄱阳湖湿地生态补偿标准研究. 南昌：江西财经大学.

徐艳, 张凤荣, 颜国强, 等. 2005. 关于建立耕地占补平衡考核体系的思考. 中国土地科学, （1）：44-48.

许丽丽, 李宝林, 袁烨城, 等. 2015. 2000～2010 年中国耕地变化与耕地占补平衡政策效果分析. 资源科学, 37（8）：1543-1551.

许丽丽, 李宝林, 袁烨城, 等. 2016. 基于生态系统服务价值评估的我国集中连片重点贫困区生态补偿研究. 地球信息科学学报, 18（3）：286-297.

颜世辉, 白国强. 2009. 区域经济协调发展内涵新探. 湖北社会科学, （3）：95-98.

杨欣, 蔡银莺, 张安录, 等. 2013. 农田生态盈亏空间差异与跨区域均衡机制——基于生态账户的武汉城市圈实证分析. 中国人口·资源与环境, 23（12）：57-64.

杨屹, 加涛. 2015. 21 世纪以来陕西生态足迹和承载力变化. 生态学报, 35（24）：7987-7997.

张甘霖, 吴运金, 赵玉国. 2010. 基于 SOTER 的中国耕地后备资源自然质量适宜性评价. 农业工程学报, 26（4）：1-8, 392.

张家其, 杨贺菲, 田亚平, 等. 2016. 基于生态系统服务功能价值的湖北省恩施地区生态补偿研究. 水土保持通报, 36（5）：214-219.

张树杰, 温仲明, 焦峰. 2005. 土地利用变化环境影响的外部性及其对策. 水土保持研究, （1）：39-42.

张翼然, 周德民, 刘苗. 2015. 中国内陆湿地生态系统服务价值评估——以 71 个湿地案例点为数据源. 生态学报, 35（13）：4279-4286.

赵金龙, 王泺鑫, 韩海荣, 等. 2013. 森林生态系统服务功能价值评估研究进展与趋势. 生态学杂志, 32 (8): 2229-2237.

郑华, 李屹峰, 欧阳志云, 等. 2013. 生态系统服务功能管理研究进展. 生态学报, 33 (3): 702-710.

周晨, 丁晓辉, 李国平, 等. 2015. 南水北调中线工程水源区生态补偿标准研究——以生态系统服务价值为视角. 资源科学, 37 (4): 792-804.

朱桂香. 2008. 国外流域生态补偿的实践模式及对我国的启示. 中州学刊, (5): 69-71.

Costanza R, d'Arge R, de Groot R, et al. 1997. The value of the world's ecosystem services and natural capital. Nature, 387: 253-260.

Daily G C, Polasky S, Goldstein J, et al. 2009. Ecosystem services in decision making: time to deliver. Frontiers in Ecology & the Environment, 7 (1): 21-28.

Folmer H, Tietenberg T. 2006. The International Yearbook of Environmental and Resource Economics 2006/2007: A Survey of Current Issues. Cheltenham: Edward Elgar Publishing: 5-25.

附录 A

土地利用变化模拟数据集主要包括：土地利用数据、行政边界数据、耕地生产潜力、气象数据、地形数据、土壤数据、交通数据、2040 年城市建设用地需求量（表 A-1）。

表 A-1　土地利用变化模拟数据集

数据名称	数据描述	数据年份	数据类型	数据来源
土地利用数据	包含一级地类 6 类和二级地类 25 类	2000、2010、2020	1 千米栅格	中国科学院资源环境科学与数据中心
行政边界数据	全国尺度、省级尺度	2020	矢量	中国科学院资源环境科学与数据中心
耕地生产潜力	考虑了小麦、玉米、水稻、大豆和甘薯 5 种作物的粮食综合生产潜力	2000、2010、2020	1 千米栅格	中国科学院资源环境科学与数据中心
气象数据	降水量、积温、空气湿度	2000~2020	点数据	中国气象局
地形数据	高程、坡度	2000	1 千米栅格	SRTM
土壤数据	土壤类型、土壤 pH 值、耕层厚度、土壤有机质等	2009	1 千米栅格	世界土壤数据库
交通数据	铁路、高速公路、国道、省道、县道、城市主干道、城市次干道、其他道路	2015	矢量	中国科学院资源环境科学与数据中心
2040 年城市建设用地需求量	2040 年城市建设用地数量	2040	—	—

附录 B

评估每一项生态系统服务均需要利用土地利用数据，已在表 A-1 阐述，其他所需数据如下所示。

1）评估生境质量数据集

表 B-1　威胁因子最大影响距离

威胁因子	最大影响距离/千米	权重	空间衰退类型	数据来源
耕地	4	0.7	线性	数据源于已经发表的文献，具体参见第 4.2.1 节
高速公路	7	0.6	指数	
建设用地	9	1	线性	
国道	3	0.5	指数	
省道	3	0.5	指数	
市区道路	5	0.5	指数	

表 B-2　各生境对威胁因子敏感性

地类	生境适宜性	耕地	高速公路	建设用地	省道	市区道路	国道	数据来源
林地	0.9	0.7	0.8	0.7	0.5	0.6	0.5	数据源于已经发表的文献，具体参见第 4.2.1 节
草地	0.5	0.6	0.8	0.7	0.5	0.6	0.5	
河流	0.6	0.6	0.6	0.6	0.4	0.5	0.4	
湿地	1	0.8	0.9	0.9	0.5	0.6	0.5	

2）评估生态系统碳储存功能数据集

表 B-3　中国各土地类型的碳密度　（单位：吨/公顷）

土地利用类型	地上生物量	地下生物量	死亡有机质	土壤有机质	数据来源
耕地	16.35	10.80	2.09	75.16	数据源于已经发表的文献，具体参见第 4.2.2 节
林地	35.84	7.17	3.31	119.09	

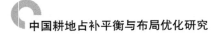

续表

土地利用类型	地上生物量	地下生物量	死亡有机质	土壤有机质	数据来源
草地	12.00	14.40	2.03	73.08	
河流	0.00	0.00	0.00	0.00	
湿地	14.21	7.89	9.47	284.19	
城市建设用地	16.39	3.27	0.00	73.94	数据源于已经发表的文献,具体参见第4.2.2节
农村建设用地	16.39	3.27	0.00	73.94	
未利用地	11.22	2.24	1.04	37.29	

3)评估生态系统水土保持功能数据集

表 B-4　评估生态系统水土保持功能数据集

数据需求	数据描述	数据年份	数据类型	数据来源
地形数据	高程、坡度	2000	1千米栅格	SRTM
降水侵蚀性因子 R	年均降水量	2000~2015	点数据	中国气象局
土壤可蚀性因子 K	土壤数据,包括土壤有机质含量、土壤砂粒含量、土壤黏粒含量、土壤粉粒含量	2009	1千米栅格	世界土壤数据库
土地利用/覆被	土地利用数据,包含一级地类6类和二级地类25类	2000、2005、2010、2015	1千米栅格	中国科学院资源环境科学与数据中心
小流域单元	基于DEM数据借助GIS中栅格系统的空间分析功能提取	2000	1千米栅格	中国科学院资源环境科学与数据中心
生物物理系数表	不同地类所对应的 C 因子和 P 因子,经由前文式(4-5)与土地利用数据,采用空间叠加的方式能够直接计算得到	—	—	具体参见第4.2.3节
汇水区面积	由DEM数据采用D8流向算法计算所得	2000	1千米栅格	中国科学院资源环境科学与数据中心

4）评估生态系统水质净化功能数据集

表 B-5　水质净化功能营养元素生物截留系数表

土地利用类型	氮负荷	氮最大持留效率	磷负荷	磷最大持留效率	氮最大持留距离	磷最大持留距离	元素溶解比
耕地	11	0.25	3	0.25	1500	1500	0.3
林地	1.8	0.8	0.011	0.8	1500	1500	0
草地	4	0.4	0.05	0.4	1500	1500	0
河流	0.001	0.05	0.001	0.05	1500	1500	0
湿地	1	0.01	0.2	0.01	1500	1500	0
城市建设用地	9	0.05	2.5	0.05	1500	1500	0
农村建设用地	10	0.1	0.005	0.1	1500	1500	0
未利用地	4	0.05	0.001	0.05	1500	1500	0

5）评估生态系统产水功能数据集

表 B-6　生态系统产水功能数据集

数据名称	数据描述	数据年份	数据类型	数据来源
土地利用数据	包含一级地类 6 类和二级地类 25 类	2000、2005、2010、2015	1 千米栅格	中国科学院资源环境科学与数据中心
气象数据	降水量、积温、空气湿度	2000～2015	点数据	中国气象局
地形数据	高程、坡度	2000	1 千米栅格	SRTM
土壤数据	土壤沙砾所占比重、土壤粉粒所占比重、土壤黏粒所占比重、土壤有机质所占比重	2009	1 千米栅格	世界土壤数据库

附录 C

利用价值当量因子法测算生态系统服务价值，除了需要土地利用数据（表 A-1），另一类关键的数据为单位面积生态系统服务价值当量因子（表 C-1）、单位面积生态系统服务价值量（表 C-2）。

表 C-1 单位面积生态系统服务价值当量因子表

一级分类	二级分类	耕地生态系统	林地生态系统	草地生态系统	湿地生态系统	河流生态系统	未利用地生态系统
供给服务	食物生产	1	0.33	0.43	0.36	0.53	0.02
	原材料生产	0.39	2.98	0.36	0.24	0.35	0.04
调节服务	气体调节	0.72	4.32	1.5	2.41	0.51	0.06
	气候调节	0.97	4.07	1.56	13.55	2.06	0.13
	水文调节	0.77	4.09	1.52	13.44	18.77	0.07
	废物处理	1.39	1.72	1.32	14.4	14.85	0.26
支持服务	土壤保持	1.47	4.02	2.24	1.99	0.41	0.17
	生物多样性	1.02	4.51	1.87	3.69	3.43	0.4
文化服务	美学景观	0.17	2.08	0.87	4.69	4.44	0.24
合计		7.9	28.12	11.67	54.77	45.35	1.39

表 C-2 单位面积生态系统服务价值量表　　　（单位：元/公顷）

一级分类	二级分类	耕地生态系统	林地生态系统	草地生态系统	湿地生态系统	河流生态系统	未利用地生态系统
供给服务	食物生产	2204.31	727.42	947.85	793.55	1168.29	44.09
	原材料生产	859.68	6568.86	793.55	529.04	771.51	88.17
调节服务	气体调节	1587.11	9522.64	3306.47	5312.40	1124.20	132.26
	气候调节	2138.18	8971.56	3438.73	29 868.45	4540.89	286.56
	水文调节	1697.32	9015.64	3350.56	29 625.98	41 374.97	154.30
	废物处理	3064.00	3791.42	2909.69	31 742.12	32 734.06	573.12

续表

一级分类	二级分类	耕地生态系统	林地生态系统	草地生态系统	湿地生态系统	河流生态系统	未利用地生态系统
支持服务	土壤保持	3240.34	8861.34	4937.66	4386.58	903.77	374.73
	生物多样性	2248.40	9941.46	4122.07	8133.92	7560.80	881.73
文化服务	美学景观	374.73	4584.97	1917.75	10 338.23	9787.15	529.04
	合计	17 414.08	61 985.30	25 724.34	120 730.27	99 965.63	3064.00

后　记

　　本书围绕耕地占补平衡政策，综合采用 GAEZ 模型、LANDSCAPE、InVEST 模型等研究方法，在分析耕地占补平衡政策及其效应的理论基础上，从耕地数量质量变化、生态效应两个视角揭示了耕地占补平衡政策的实施效果，并以协调粮食安全与生态保育为目标开展耕地占补平衡政策下的耕地利用空间布局优化，同时尝试基于优化布局结果开展耕地保护区域补偿机制研究，最后基于以上研究内容提出相应的政策建议。本书主要有以下几个方面的创新点。

　　（1）在理论创新方面，构建了耕地占补平衡政策实施效果评估的理论体系，基于此开展了耕地占补平衡政策实施效果评估。耕地是我国最为宝贵的资源，当前，我国经济发展进入新常态，新型工业化、城市化建设深入推进，耕地后备资源不断减少，耕地占补引发的一系列生态问题也亟须重视，实现耕地占补平衡、权衡耕地保护与生态保育的难度日趋加大。部分研究只注重耕地占补平衡政策的实施效果、问题等，忽略了耕地占补平衡对生态环境的影响。本书从理论上系统梳理了耕地占补平衡政策，分析比较两种政策情景下耕地资源空间分布、生态用地流失、生态系统服务、生态系统服务价值等多方面的空间差异，开展了耕地占补平衡政策背景下权衡粮食安全与生态保育的耕地利用优化布局，构建基于生产力总量平衡的耕地占补平衡区域补偿机制。为揭示耕地占补平衡的实施效果和生态效应、实现耕地占补平衡区域补偿、推进粮食安全与生态保育的协同发展提供理论依据。

　　（2）在学术观点创新方面，首先开展耕地占补平衡对生态系统服务及价值的定量分析。根据过往研究，放开跨省耕地占补平衡的限制有利于提高土地资源的利用效率，让中西部地区分享东部地区发展的成果，实现区域间的协调发展。但是，跨省耕地占补平衡的放开是否会加剧耕地占补平衡带来的土地质量影响、生态影响尚未可知。因此，本书以耕地生产力总量平衡为目标，构建 LANDSCAPE，分别模拟在 SPN 下与 SPP 下 2020～2040 年中国土地利用变化情况，并在此基础上对比评估两种情景下中国的耕地空间分布、生态用地流失、关键生态系统服务变化、生态系统服务价值变化的空间差异，对未来政策的调整与完善提供参考。

其次提出了基于耕地占补平衡的土地利用空间布局优化方案，为各地区的耕地保护目标和所承担责任提供依据。耕地占补平衡的政策目标随着时间推移由数量保护发展到质量保障，再到生态平衡；相应的，在耕地占补平衡绩效研究中，数量绩效研究分析较少，质量绩效评价分析较多，近些年生态绩效研究在逐渐增加。在耕地占补平衡实践中，以政府部门为主体，农户或公司多方参与的耕地占补平衡主体模式已有雏形；继续发展有地区差别的耕地补偿或指标交易来促进各地经济发展；耕地占补平衡众多横向行政管理制度已构成土地利用战略政策体系的一部分。那么，如何在空间上实施耕地占补平衡确定土地利用空间布局优化方案还有待进一步研究。因此，本书将土地利用变化情景模拟与耕地占补平衡政策结合起来，根据耕地占补平衡政策实施效果的预评估，提出三类生态保育目标，采用 LANDSCAPE 开展基于协调耕地保护与生态保育的耕地占补平衡土地利用优化，实现耕地资源与生态用地的优化配置与布局。

最后构建更具科学性、可行性的耕地占补平衡区域补偿机制，为耕地总量动态平衡的实现提供新思路，深化我国耕地保护补偿机制研究，对我国实施耕地异地补偿具有一定的参考意义。当前的耕地保护补偿研究大多根据现状确定耕地保护目标，以耕地价值为基础确定补偿标准，难以起到耕地保护的激励作用。因此，有必要开展基于布局优化的耕地异地补偿机制研究。本书采用 LANDSCAPE 开展基于协调耕地保护与生态保育的耕地占补平衡土地利用优化布局，同时根据土地利用布局优化结果确定区域耕地保护目标责任，据此测算区域耕地"赤字/盈余"，结合耕地非农化收益测算耕地保护区域补偿价值标准，构建基于生产力总量平衡的耕地异地补偿机制。

（3）在研究方法创新方面，开展了权衡耕地保护与生态保育的土地利用优化配置，为土地利用优化布局指明方向，为保障粮食安全、保证经济建设、实现生态保育提供了科学支撑。本书以耕地生产力平衡为前提，以生态保育为优化目标，依托 LANDSCAPE 构建了基于耕地占补平衡的土地利用优化配置模型。该模型根据土地利用变化的历史规律，以课题组自主研发的土地利用变化模拟与优化模型 LANDSCAPE 为基础，将耕地保护的需求内化为模型的全局终止条件，将社会经济发展对区域建设用地的需求内化为模型的分区终止条件，将生态用地数量、生态系统服务、生态系统服务价值以及生态安全等因素内化为模型的转换阻抗，从而实现耕地占补平衡政策背景下权衡耕地保护与生态保育的土地利用优化配置，为土地资源的可持续利用和合理保护提供了新的方法。

本书能够为完善我国耕地占补平衡政策提供参考。然而，本书仍存在以下不足和亟待完善之处。

（1）生态系统服务及其价值评估须完善与改进。本书评估了碳储存、产水功能、生境质量等关键生态系统服务，测算了生态系统服务价值。然而，生态系统服务还包括生物多样性保护、气候调节、灾害减缓、水土保持、休闲游憩等多重生态功能，本书对生态系统服务的评估还需更加全面。另外，生态系统服务价值评估是将生态系统服务纳入土地利用决策的关键所在，因此对权衡耕地保护与生态系统服务的土地利用优化配置及区域补偿机制具有重要的意义。在已经完成的研究中，主要采用价值当量法对陆地生态系统服务价值进行初步评估，方法上还需细化。

（2）基于耕地占补平衡的土地利用情景模拟与优化布局需考虑更多限制因素。本书采用 LANDSCAPE 开展了耕地占补平衡背景下的土地利用情景模拟与优化布局。在模拟与优化的过程中，本书已完成河流、生态保护区地类的转换，而对于影响地类适宜性的因素，本书在社会经济方面考虑了社会 GDP、人口密度以及交通路网的可达性等因素，在自然地理方面考虑了地形、日照、降水、土壤等因素。但 LANDSCAPE 模拟仍需要考虑更多的现实因素，一是可以使模拟的土地利用变化更加精确；二是可以更贴合实际，便于为土地利用和布局实践提供指导。此外，还有一些由于各种原因已被严格保护限制开发的区域未考虑。因此，在进行土地利用模拟与优化的过程中，还须考虑更多影响地类适宜性的因素及现实中被保护或被限制转化的土地。